MÉTHODE GÉNÉRALE D'EXPÉRIMENTATION

ESSAIS PARTICULIERS
sur la Filature de Lin.

Par E. CORNUT,

Ingénieur en chef de l'Association des propriétaires d'appareils
à vapeur du Nord de la France.

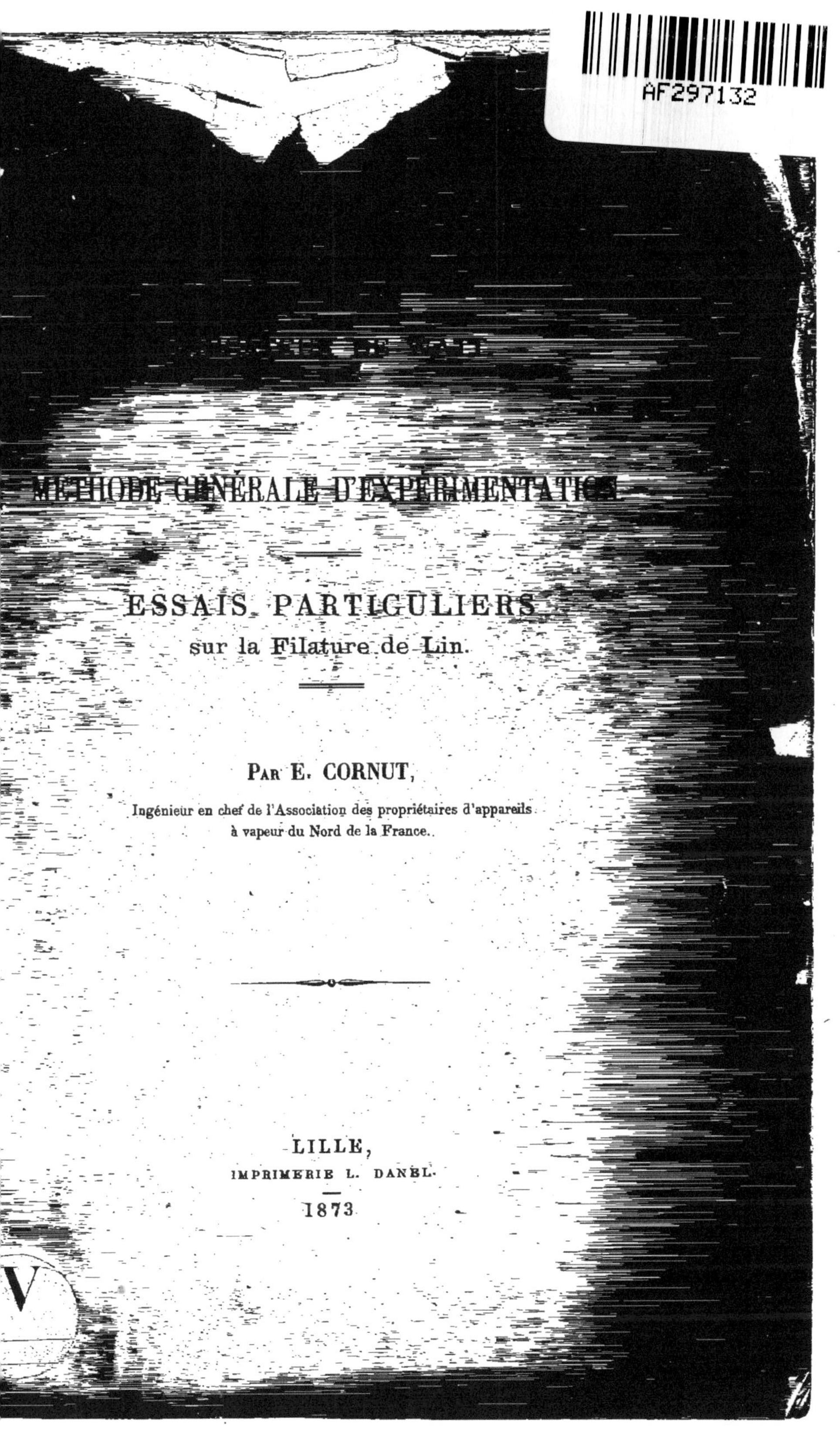

LILLE,
IMPRIMERIE L. DANEL.
1873

ESSAIS

DYNAMOMÉTRIQUES.

FILATURE DE LIN.

LILLE. — IMPRIMERIE L. DANEL.

ESSAIS DYNAMOMÉTRIQUES.

INDICATEUR DE WATT.

MÉTHODE GÉNÉRALE D'EXPÉRIMENTATION.

ESSAIS PARTICULIERS
sur la Filature de Lin.

Par E. CORNUT,

Ingénieur en chef de l'Association des propriétaires d'appareils
à vapeur du Nord de la France.

LILLE,
IMPRIMERIE L. DANEL.
1873.

ESSAIS DYNAMOMÉTRIQUES.

MÉMOIRE

SUR LE

TRAVAIL ABSORBÉ PAR LA FILATURE DE LIN.

La filature du lin comparée aux filatures mécaniques du coton et de la laine exige une force motrice bien plus considérable ; on aurait donc un grand intérêt à être fixé d'une manière assez exacte sur la force absorbée par les machines de préparations et de filature qu'emploie cette industrie pour accomplir les diverses transformations de sa matière première.

Les renseignements que nous avons en France sur cette question, sont bien incomplets et bien incertains ; sauf le grand travail de M. le général Morin, qui malheureusement remonte à une époque déjà éloignée de nous, et celui qui vient de paraître dans les annales du Conservatoire des Arts-et-Métiers, de M. le docteur Hartig, les industriels n'ont à leur disposition d'autres indications que celles rapportées dans des aide-mémoire ou dans des ouvrages anciens qui n'ont guère de valeur.

Les chiffres en général admis, ne sont basés sur aucun renseignement pratique sérieux ; il peut donc en résulter de graves erreurs pour les industriels qui voulant par exemple installer une filature nouvelle, cherchent à calculer la force motrice en générateurs et machines à vapeur, dont ils peuvent avoir besoin.

Combien de filateurs en effet se trouvent, à un certain moment, obligés de forcer leurs chaudières et leur machine pour effectuer leur travail, alors que d'après les renseignements fournis par les constructeurs des métiers ou recueillis auprès de confrères, ils croyaient avoir un large supplément de force à leur disposition. Ils sont donc ainsi dans la nécessité de consommer beaucoup de charbon en amenant une rapide détérioration de leurs appareils à vapeur.

Nous verrons dans la suite de ce travail qu'une machine de préparation ou métier à filer prend pour marcher à vide des forces qui peuvent différer entre elles de 50 p. 100, suivant les constructeurs ; or, si la force motrice absorbée par une machine n'est qu'un des éléments qui doivent guider les filateurs dans leur choix, il est évident que cette question est de première importance puisqu'elle représente une dépense journalière.

La force motrice nécessaire au fonctionnement des diverses machines que la filature de lin met en œuvre est excessivement variable.

Tous les industriels savent que la force nécessitée par les opérations successives que subit la matière première varie beaucoup suivant la quantité et la nature des lins peignés et des étoupes, suivant les numéros de fils, les vitesses de machines, les saisons de l'année, et plusieurs autres causes principales que je crois pouvoir résumer dans les suivantes.

1° Etat d'entretien des pièces mécaniques qui composent la machine.

2° Différence d'entretien et de propreté des machines provenant du fait des ouvriers.

3° Huile employée au graissage.

4° Graissage journalier plus ou moins régulier.

5° Etat des courroies qui servent de commande pour les métiers.

6° Température ambiante et état hygrométrique des ateliers.

7° Temps écoulé depuis la mise en route du matériel, dans le cas surtout où les machines auraient subi un repos prolongé.

8° Poids des matières travaillées dans l'unité de temps ; différence d'étirages.

9° Vitesse particulière imprimée à chaque machine.

10° Pour les métiers à filer et les bancs à broches, différence de force provenant d'une torsion plus ou moins grande suivant les n^{os} de fils.

Le problème ainsi posé est donc fort complexe et il faudrait pour le résoudre complètement des expériences très-longues et très-nombreuses. Le temps et les appareils m'auraient manqué pour chercher à déterminer les variations de travail produites par ces causes différentes, mon but a été plus simple. J'ai voulu seulement :

1° Déterminer pour notre usine d'Hamégicourt la force totale absorbée par notre matériel en travail dans les conditions ordinaires de production et d'entretien.

2° Déterminer la force nécessaire pour faire marcher à vide notre matériel.

3° Etudier quelques machines en particulier par des essais faits toujours en marche ordinaire de production et d'entretien.

Les chiffres que nous allons indiquer ne représenteront donc qu'une moyenne de marche industrielle dans laquelle les éléments variables seront plus ou moins annihilés par le grand nombre des expériences.

MÉTHODE D'EXPÉRIMENTATION.

Le général Morin, à qui revient l'honneur d'avoir le premier indiqué une méthode exacte et précise permettant d'obtenir la répartition du travail entre les diverses machines d'un outillage, s'est servi pour tous ses essais d'un dynamomètre à style de son invention.

M. Th. Brylinski, dans ses nombreuses expériences sur la filature du coton, employait un dynamomètre de rotation à roues coniques, connu sous le nom de dynamomètre différentiel.

M. le docteur Hartig, pour exécuter son grand travail sur les machines employées par les industries de la laine cardée et du lin, après avoir constaté que les dynamomètres du Batchelder et Wiede offraient trop de chances d'erreur, fit usage d'un dynamomètre perfectionné par lui et construit par Richard Hartmann de Chemnitz.

Tous ces appareils maniés et dirigés par des ingénieurs aussi distingués doivent certainement donner des résultats très approchés, c'est-à-dire indiquer assez exactement *la force absorbée par la machine au moment des essais partiels*.

Or, pour moi, tel n'est pas le chiffre qui intéresse l'industriel ; ce qu'il lui faut connaître c'est la moyenne de la force absorbée par une même machine pendant une année de travail par exemple ; chiffre moyen bien différent de celui d'essais particuliers.

Ces appareils ont de plus le défaut de coûter fort cher, d'exiger des soins très-particuliers et très-minutieux d'expérimentation et surtout de demander une installation spéciale pour chaque machine.

Je n'ai pas cru devoir adopter ces dynamomètres, puisqu'ils ne pouvaient me donner le chiffre moyen que je cherchais et ne me permettaient pas de faire des essais très-nombreux à intervalles assez espacés les uns des autres.

Le frein dynamométrique donnerait certainement des résultats très-exacts et MM. E. Bède et Snoeck en ont très-habilement tiré parti dans leurs expériences sur la détermination des forces absorbées dans l'industrie drapière

Malheureusement des essais de ce genre offrent toujours certains dangers et il n'était pas possible de laisser un frein installé une année ou deux sur le premier arbre de transmission.

Depuis longtemps je me servais d'un indicateur de Watt pour surveiller mes machines à vapeur ; j'adoptai cet instrument, simple, facile à manier, même par un simple chauffeur un peu intelligent.

Indicateur de Watt.

L'indicateur de Watt est tellement connu qu'il suffira de rappeler qu'il se compose d'un petit cylindre dans lequel se meut un piston dont la tige dépasse le couvercle et porte un levier fixe en fer à l'extrémité duquel se trouve le crayon.

L'autre extrémité du cylindre est terminée par un pas de vis et un écrou à oreilles à 2 pas qui permet de visser tout l'appareil sur un robinet mobile que l'on place primitivement sur un robinet à poste fixe sur le cylindre.

A côté de ce cylindre s'en trouve un second autour duquel on enroule une feuille de papier retenue par une lame de ressort ; une petite corde permet de faire tourner ce second cylindre autour de son axe, et un ressort placé à l'intérieur tend toujours à le ramener à sa position primitive, présentant ainsi à la pointe du crayon diverses parties de la bande de papier.

L'extrémité de la corde est attachée à un point de la machine de manière que chaque mouvement alternatif du piston produise un mouvement de rotation alternatif du cylindre.

L'appareil étant mis en communication avec le cylindre, le petit piston, et par suite le crayon, s'élèvera ou s'abaissera au-dessus de sa position primitive suivant la pression intérieure, le cylindre tournera plus ou moins suivant le chemin décrit par le piston.

La combinaison de ces deux mouvements donnera donc une courbe représentant, à une certaine échelle, les pressions successives de vapeur suivant le chemin parcouru par le piston.

On pourra ainsi calculer le travail développé et étudier toutes les circonstances de la distribution et de la marche de la machine.

Formule employée.

Dans une machine à vapeur à détente, si l'on connaissait la valeur de la pression moyenne que supporte le piston pendant une course entière, on pourrait exprimer le travail produit pendant ce temps par la formule suivante :

Soit :

A la surface du piston.

Pm la pression moyenne de la vapeur exprimée en kilog. par centimètre carré.

n le nombre de tours de la machine par minute.

C la course du piston.

e l'échelle du ressort de l'indicateur, c'est-à-dire la longueur en millimètres dont se comprime le ressort de l'appareil de Watt sous une charge de 1 k. par centimètre carré du piston de l'instrument.

La formule donne pour le travail exprimé en chevaux vapeurs.

$$T_m^{\,ch.} = \frac{A \times P_m \times C \times 2n}{60 \times 75 \times e} \qquad (1).$$

Toutefois pour les machines de Woolf ou autres à un seul stuffing-box, dans lesquelles on ne peut relever les diagrammes que d'un côté du cylindre, il faut pour tenir compte de la section de la tige du piston, retrancher de A la moitié de la section de la tige.

Les deux machines que nous possédions étaient deux machines jumelles verticale à balancier de Boyer, de Lille, système Woolf à condensation. Leurs dimensions étaient :

PETIT CYLINDRE.

Diamètre du piston . . . . $D = 0^m 325$

   »   de la tige du piston. . . . $d = 0^m 050$

Course du piston . . . . $C = 1^m 130$

GRAND CYLINDRE.

Diamètre du piston . . . . $D = 0^m 560$

   »   de la tige du piston. . . . $d = 0^m 063$

Course du piston . . . . $C = 1^m 520$

Vitesse de régime . . . . $n = 25$ tours à la 1'.

En remplaçant dans la formule (1) les lettres par leur expression numérique et effectuant les calculs on arrive au résultat suivant :

Pour le petit cylindre . . . . $T_m^{\,ch.} = \dfrac{0.740}{720} \dfrac{P_m}{e} \qquad (2).$

Pour le grand cylindre. . . . $T_m^{\,ch.} = \dfrac{2.970}{720} \dfrac{P_m}{e} \qquad (3).$

Comme nous allons le voir pour notre indicateur $e = 11\ ^{m\cdot}/_m.$ ce qui nous donne :

Pour le petit cylindre . . . . . . $T_m^{\,ch.} = 0.935\ P'_m$

Pour le grand cylindre. . . . . . $T_m^{\,ch.} = 3.750\ P'_m$

P' *m* représentant alors l'ordonnée moyenne de la courbe de l'indicateur de Watt exprimée en millimètres. Dans cette expression du travail nous supposons que *n* reste invariable, c'est-à-dire que la vitesse de la machine est constante, ce qui dans une filature de lin est obtenu facilement, surtout avec la comptabilité spéciale que j'avais établie et qui me permettait de surveiller le travail du chauffeur à chaque instant.

Pour connaître la force développée par nos machines à un moment donné, il nous suffira donc de faire un essai à l'indicateur de Watt, de chercher pour chaque courbe l'ordonnée moyenne et de multiplier cette ordonnée exprimée en millimètres par chacune des constantes que nous venons d'indiquer suivant le cylindre sur lequel on opère.

CALCUL DE L'ORDONNÉE MOYENNE.

Le calcul de cette ordonnée offrait dans la pratique de grandes difficultés. Les seuls moyens généralement employés sont en effet l'emploi des formules mathématiques de quadrature de Simpson, Lagrange, Poncelet ou autres, qui consistent à diviser la ligne des abscisses en un certain nombre de parties égales, 10 ou 12 par exemple, puis à élever des perpendiculaires représentant les diverses pressions aux différents moments de la course du piston; on évalue ensuite ces ordonnées avec une échelle graduée, d'où l'on déduit l'aire de la courbe.

En divisant le chiffre obtenu par la base ou largeur de la courbe, on obtient l'ordonnée moyenne. Il faut donc par ces méthodes beaucoup de temps, et les chances d'erreur par suite de ces lectures multiples sont nombreuses.

Depuis quelques années on se sert avec grand succès de planimètres polaires et surtout de celui d'Amsler. Je n'entrerai pas dans le détail de cet appareil dont la théorie fort ingénieuse de M. Cherest se trouve dans les bulletins de la société industrielle du Mulhouse.

Voici les résultats qu'il permet d'obtenir :

Soit S la courbe obtenue par l'indicateur de Watt, le planimètre polaire donne par une simple lecture, exprimée en demi-millimètres une hauteur ou ordonnée A C telle que le produit de la base A B par cette ordonnée égale la surface enfermée par la courbe S , c'est donc l'ordonnée moyenne.

L'appareil est d'une justesse merveilleuse, très-facile à manier et peut toujours se vérifier bien simplement. En effet , au lieu d'une courbe, prenons un rectangle, en adoptant pour base d'opération l'un des côtés; nous devons après l'opération de l'appareil trouver pour ordonnée moyenne le second côté du rectangle.

Avec cet instrument qui peut être conduit par une personne quelconque un peu soigneuse, l'ordonnée moyenne se trouve très-vite et beaucoup plus sûrement que par le calcul.

Pour avoir une plus grande certitude d'exactitude , les essais journaliers étaient calculés en faisant opérer une double révolution au stylet qui suit la courbe , il fallait donc diviser le chiffre lu par 4 pour avoir l'expression de l'ordonnée cherchée en millimètres. L'erreur de lecture possible était elle-même alors divisée par 4.

Dans tous les essais particuliers sur les machines ou pour les essais du matériel à vide on opérait 4 fois la révolution de la courbe, et le nombre lu sur la roulette ainsi que l'erreur étaient divisés par 8.

Je ne saurais trop recommander cet appareil aux personnes qui ont souvent des surfaces courbes à calculer ; il est impossible d'imaginer les services qu'il peut rendre. Quant à moi je déclare que le travail que j'ai entrepris m'aurait été impossible sans cet instrument, puisque les chiffres que je vais citer sont le résultat du dépouillement de 2,600 à 2,700 courbes de l'indicateur de Watt qui toutes ont été relevées sur les machines à vapeur par le même mécanicien et calculées avec le planimètre polaire par la même personne.

MESURE DE e OU DE L'ÉCHELLE DE L'INDICATEUR.

La recherche de l'échelle de l'indicateur n'offre aucune difficulté bien sérieuse ; néanmoins je vais expliquer les quelques précautions que j'ai cru devoir prendre.

Première méthode.

J'ai placé l'instrument sur une chaudière. J'avais mis en commu-

$$\frac{1}{2}\ 26 = 13$$

35.5

31.5

28.5

26

24

22

19.5

17

15

$$\frac{1}{2}\ 8 = 4$$

TOTAL... 236

Moyenne.. $\dfrac{236}{40} = 23,6$

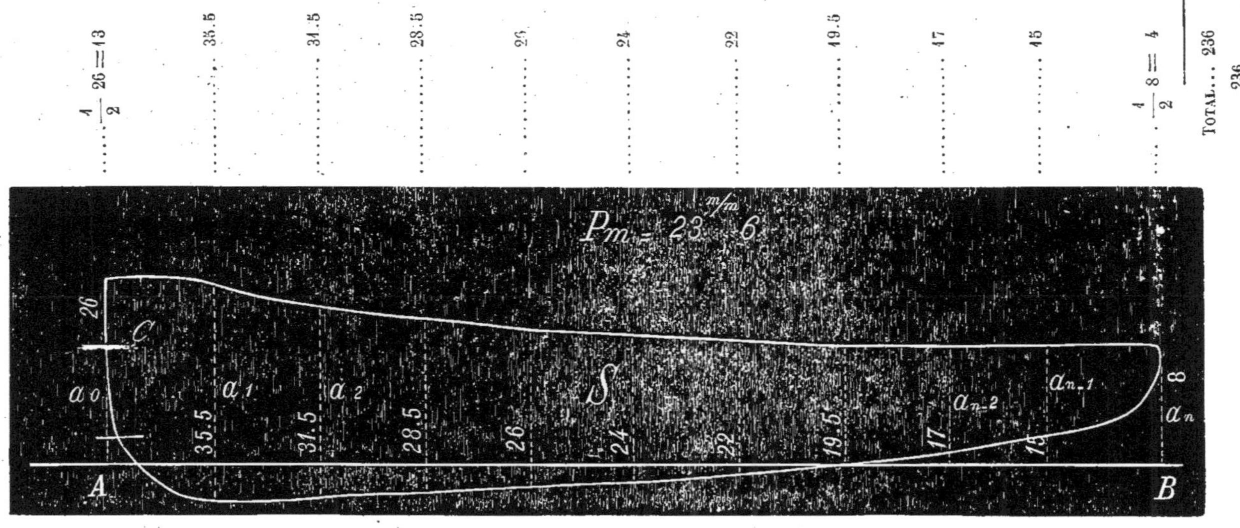

$$Pm = \frac{1}{10}\left[\frac{a_0 + a_n}{2} + a_1 + a_3 \ldots + a_{n-2} + a_{n-1}\right]$$

nication avec l'intérieur de la chaudière un manomètre à mercure et à air libre, un manomètre métallique de Bourdon tout neuf que j'avais fait venir exprès et enfin notre manomètre ordinaire qui fonctionnait depuis trois ans. L'indicateur était placé sur l'une des tubulures du dôme. On mit alors le feu sous la chaudière et la pression monta successivement ; à chaque demi-atmosphère je traçais une ligne droite sur la feuille de papier de l'indicateur.

Je lisais les pressions sur le manomètre à mercure et je pus constater que si le nouveau manomètre métallique indiquait bien les pressions réelles, il n'en était pas de même de celui en service pendant trois ans, qui présentait des écarts très-variables dépassant souvent 1/4 d'atmosphère.

Pour tous les instruments de Watt, il ne faut pas s'en rapporter à des manomètres métalliques ayant déjà un peu de service, mais bien à un manomètre à mercure.

Voici le tableau des essais effectués le 12 novembre 1869.

P = Pression effective exprimée		Distance d en centimètres du point d'arrêt à la ligne atmosphérique.	Rapport $e = \dfrac{d}{p}$, d exprimé en c.carr., p exprimé en kilog., e exprimé en milltres.
en atmosphères.	en kilos.		
1 atm.	1k. 033	1 . 156	11 . 20
1 1/2	1 549	1 . 682	10 86
2 »	2 066	2 . 272	11 . »
2 1/2	2 582	2 . 829	10 . 96
3 »	3 099	3 . 408	11 . »
3 1/2	3 615	3 . 962	10 . 96
4 »	4 132	4 . 545	11 . »
4 1/2	4 648	5 . 159	11 . 10

La moyenne est de $11^{m}/_{m}.01$, j'ai donc pris pour échelle de l'indicateur $e = 11^{m}/_{m}.$

Deuxième méthode.

On peut opérer une vérification plus rapide en tarant l'appareil avec des poids marqués. Pour cela, après avoir fixé le pied de l'instrument sur un pas de vis , on saisit la partie supérieure de la tige porte-crayon dans une pince que l'on met en communication directe , par un fil passant sur deux poulies de renvoi , avec un petit plateau. On charge successivement ce plateau de poids équivalant aux pressions 1 , 2 , 3 kilos par cent. carrés du piston de l'instrument. Le ressort se comprime , la tige monte , et à chaque station l'on trace avec le crayon , sur le papier de l'indicateur, la ligne droite correspondant à la pression donnée.

Le piston de l'indicateur avait un diamètre de $0^m 024$ et par suite une section de :

$$S = 4,^{c.q.} 524.$$

La pression de l'atmosphère étant égale à 1 k. 0 33 par $c.$ $q.$ les poids à mettre en B pour obtenir l'allongement étaient :

Pour une pression effective de $1^{atm.}$ $1.033 \times S = 4^k \cdot 673$

—   2 » $2.066 \times S = 9, 346$

—   3 » $3.100 \times S = 14, 024$

Les allongements successifs ont été en moyenne de $e = 10.95$.

Cette manière d'opérer est fort simple, mais se rapproche peu des conditions dans lesquelles doit fonctionner l'indicateur. Pendant les essais ordinaires l'appareil sera toujours soumis à une température élevée ; de plus , le ressort au lieu de supporter une pression subitement croissante et agissant toujours dans le même sens , subira des compressions pendant l'arrivée de vapeur en pleine pression, puis des allongements en sens contraire pendant la détente et la condensation. Le crayon de l'appareil tracera donc au-dessus de la ligne de l'atmosphère des ordonnées tantôt positives tantôt négatives. Je préfère donc beaucoup la première méthode qui au moins fait agir l'appareil, sous l'influence de la température.

Dans cette manière d'opérer pour trouver l'échelle il faut faire attention à ce que la tige du piston soit bien verticale, et chaque fois que l'on a ajouté de nouveaux poids, faire mouvoir la tige avant de tracer la parallèle à la ligne atmosphérique pour vaincre le frottement au départ.

J'ai opéré ces vérifications tous les trois ou quatre mois et l'appareil que j'avais était si bien construit qu'au bout de la première année l'échelle était encore de $11\ ^m/_m$. 07 et au mois de janvier 1873 seulement de $11\ ^m/_m$. 18 , après 4 ans de service.

Il est bien entendu que j'ai successivement mis les diverses valeurs de e dans la formule exprimant le travail.

Ces préliminaires bien établis une question se pose à l'esprit.

« Les essais faits à l'indicateur de Watt sont-ils comparables » entre eux ? et avec quelle approximation représentent-ils la force » réellement transmise par la machine à vapeur ? »

On verra plus loin comment j'ai été assez heureux pour résoudre cette question par une série d'essais pratiques ; mais avant d'entrer dans le détail des expériences je crois devoir donner quelques réflexions sur les causes si nombreuses qui font varier la force de nos machines.

On comprendra mieux alors toutes les précautions qu'il est nécessaire de prendre pour opérer des essais dynamométriques.

1° Etat d'entretien des pièces mécaniques qui composent la machine.

2o Différence d'entretien et de propreté des machines provenant du fait des ouvriers.

Tous les filateurs connaissent aussi bien que moi l'influence de ces deux causes sur la facilité de travail des machines, sur la durée des métiers ; aussi dans les usines bien conduites les frais d'entretien du matériel sont toujours comptés largement à chaque inventaire.

La surveillance des patrons et des contre-maîtres peut seule éviter les inconvénients de la négligence et de l'incurie de certains ouvriers.

3o Huile employée au graissage.

4° Graissage journalier plus ou moins parfait.

Nous réunissons ici les observations que nous allons avoir à faire sur le graissage en général.

La force absorbée dans une machine par la mise en mouvement des différents organes qui la composent, peut varier de 15 à 20 p. 100, par suite des frottements plus ou moins considérables que les agents lubrifiants doivent atténuer.

L'étude des moyens et procédés employés au graissage est donc une question très-importante au point de vue de l'économie de combustible comme au point de vue de la durée des machines.

Il y a quelques années on employait beaucoup des graisseurs à graisse solide ; il fallait donc que l'arbre de transmission s'échauffât pour faire fondre la graisse : le principe de ces appareils était mauvais et ils sont actuellement abandonnés.

Les matières grasses généralement employées sont les huiles qui proviennent de trois origines tout-à-fait différentes.

Les huiles animales.

Les huiles végétales.

Les huiles minérales.

Les huiles animales sont de très-bons lubrifiants mais coûtent fort cher ; je n'en ai jamais employé.

Je me suis servi au contraire des huiles végétales de différents fabricants ; et beaucoup d'huiles minérales.

C'est par la comparaison de ces deux huiles que je me suis décidé à ne consommer que des huiles minérales.

Beaucoup d'industriels préfèrent l'emploi des huiles végétales croyant qu'ils obtiennent ainsi des produits plus réguliers, parfaitement lubrifiants et privés de tout corps étranger capable d'altérer les métaux.

Les huiles végétales pures ne contiennent en effet que de l'oléate et du margarate de glycérine, mais elles sont rarement à cet état de pureté et au sortir des presses elles renferment des substances colorantes résineuses qu'il faut expulser.

Les fabricants d'huiles les traitent alors par l'acide sulfurique qui détruit bien ces matières mais forme des acides sulfogras solubles dans l'oléate et le margarate de glycérine. Sous l'influence de l'air, ces acides se transforment en acides gras qui attaquent le bronze.

Les huiles minérales de leur côté ont; il est vrai, une odeur particulière mais qui n'a rien d'incommode pour les ouvriers. Cependant lorsque les huiles de pétrole n'ont pas été parfaitement épurées et raffinées, elles peuvent contenir des combinaisons sulfureuses qui attaqueraient les métaux.

Le docteur Vahl, a proposé pour reconnaître la présense du soufre, le procédé suivant dont je me suis toujours bien trouvé :

« Mettre l'huile en contact avec un petit morceau de potassium
» pendant quelques heures à une chaleur modérée: on ajoute de
» l'eau, puis on verse dans le liquide une solution de nitro-prussiate
» de sodium ; s'il y a du soufre il se produit une couleur pourpre
» foncée.

Sur la grande quantité d'huiles minérales d'Ecosse que j'ai employées, deux fois seulement j'ai refusé des huiles après ces essais; et jamais je ne me suis aperçu d'usure extraordinaire dans les grains de nos coussinets.

Un graissage parfait doit remplir les conditions suivantes :

1° L'huile doit arriver sur la pièce mécanique proportionnellement à sa vitesse ;

2° Ne pas perdre d'huile pendant que l'arbre est au repos ;

3° Ne donner de l'huile que la quantité strictement suffisante pour éviter tout échauffement de l'arbre.

Il est bien certain que ces conditions principales condamnent tout à fait le graissage à la main pour les transmissions et les métiers. On doit donc chercher à le remplacer par un graissage automatique.

M. le général Morin dans ses grandes expériences sur le frottement en 1833 a cité des chiffres qui viennent à l'appui du graissage automatique.

Lorsqu'un tourillon en fer tourne sur des coussinets en bronze, les surfaces étant enduites d'huile à la manière ordinaire, le rapport f du frottement à la pression est de 0,07 à 0,08 ; quand au contraire l'enduit est renouvelé d'une manière continue, le rapport f n'est plus que de 0,04 à 0,05 soit 55 0/0 de différence sur le frottement.

Un nombre illimité d'inventeurs ont imaginé des appareils connus sous le nom générique de graissseurs destinés à opérer le graissage mécaniquement.

Les appareils les plus connus de ce genre sont ceux de : De la Coux, Michaux, Lieuvain, Coquatriz, C. Lezaire etc...

M. Boudart, ingénieur civil à Amiens, a fait des expériences en comparant le graisseur De la Coux, le graisseur dit sympathique et le graissage à la main, voici le résumé de ces essais :

En 227 jours pour graisser les trois mêmes paliers, le graisseur De la Coux a consommé en moyenne   1 gr. 05 par jour.

Le graisseur sympathique   1   66 »»

Le graissage à la main   1   88 »»

Le graisseur De la Coux présente donc une économie de 37 0/0 sur l'appareil sympathique et 44 0/0 sur le graissage à la main.

En examinant les chiffres qui ont fourni ces résultats M. Boudart a reconnu que la consommation journalière de l'appareil De la Coux avait varié entre :

1 gr. et 1 gr. 23 soit 23 0/0 environ.

Celle du graisseur sympathique entre :

1 gr. 52 et 2 gr. 52 soit 65 0/0.

Celle du graissage à la burette entre :

1 gr. 27 et 3 gr. 63 soit 186 0/0.

Ce dernier chiffre montre bien l'irrégularité du graissage à la main.

Tous ces essais étaient faits avec de l'huile minérale fluide pesant 84 à 85 kilos à l'hectolitre.

Le graisseur De la Coux offre donc, d'après M. Boudart, une économie très-sensible de consommation d'huile, et une régularité suffisante ; de plus la boule qui contient l'huile est en verre, ce qui permet de voir s'il est nécessaire de la remplir. Un autre avantage de l'appareil De la Coux provient de sa construction : le petit tube en cuivre et de longueur variable qui permet à l'huile de venir lubrifier l'arbre de transmission peut se courber et se plier, ce qui permet d'atteindre bien des paliers mal placés pour le graissage automatique ; par exemple les paliers des cylindres travailleurs et débourreurs des cardes.

Après différents essais partiels qui me donnèrent des résultats très satisfaisants, je me suis décidé à munir toutes les transmissions, toutes les machines de préparations, métiers à filer etc, etc, de graisseurs De la Coux fonctionnant avec de l'huile minérale.

Le graissage avant cette installation de graisseurs se faisait à la main et avec de l'huile grasse végétale ; nous étions obligés pour faire marcher notre matériel à la vitesse convenable de tenir notre pression aux générateurs entre $5^{atm.}$ et $5^{atm.}$ 1/4 ; quelques jours après cette transformation dans notre manière de graisser nous marchions faciment pour produire le même travail à $4^{atm.}$ 1/4 au maximum, nous obtenions donc ainsi une différence de $0^{atm.}$ 75 ou environ 15 0/0 sur la pression.

Ce résultat est considérable et doit attirer l'attention des industriels ; il en résulte que :

Le remplacement des huiles grasses végétales par l'huile minérale et le graissage automatique sur toutes les machines susbtitué au graissage à la main, ont produit une économie de 15 0/0 sur la pression de la vapeur.

Au commencement de 1870 nous installâmes une filature au mouillé de 2080 broches, composée de :

880 br. 2 p. 1/2

1200 br. 2 p. 3/4

Je crus devoir, comme la majorité de nos confrères, employer de l'huile grasse.

Tous les samedis je fis des essais dynamométriques pour connaître la force absorbée par ces métiers.

Dix-sept essais du 5 mars 1870 au 3 septembre 1870 nous donnèrent une force moyenne de 2 $^{\text{ch. vap.}}$ 90 par 100 broches pour les divers n^{os} de fils fabriqués pendant ces six mois.

J'avais été frappé chaque lundi de la difficulté de la mise en route : les courroies qui étaient assez courtes cassaient sous la charge qu'elles avaient à entraîner. Je résolus de remplacer le graissage à l'huile grasse par le graissage à l'huile minérale, déjà exclusivement employée pour la filature au sec et les préparations. La moyenne de vingt essais dynamométriques sur la filature au mouillé me donna dans ces nouvelles conditions une moyenne de 2 $^{\text{ch. vap.}}$ 44 par 100 broches, soit une différence de 16 0/0.

Ainsi donc, le remplacement de l'huile grasse végétale par l'huile minérale a produit une économie de 16 0/0 sur la force motrice nécessaire à la marche de notre filature au mouillé.

Je ne donne ces chiffres que comme indication car il faudrait s'assurer, ce que je n'ai pu faire, si le travail développé pendant la première série d'essais est égal à celui de la seconde série, ou, comme il s'agit de métiers à filer, si le numéro moyen fabriqué est le même pour les deux périodes comparées.

On verra, en effet, par la suite, la différence considérable de force absorbée par la fabrication des divers numéros de fils. Toujours est-il que le lundi nous n'avions plus aucune difficulté pour mettre la filature au mouillé en route.

Je ne saurais donc trop recommander l'emploi des huiles minérales et un graissage automatique.

Voici encore quelques indications, concernant les variations de force suivant l'état de graissage des parties.

Ayant eu à ma disposition, pendant la guerre de 1870, notre matériel à vide, j'ai pu obtenir divers renseignements sur les inconvénients du graissage à la main qui n'est pas continu mais bien intermittent.

2

Le 8 mars 1871., les transmissions et la machine à vapeur furent mises en route à 4 heures du matin, tous les graisseurs fonctionnaient bien et avaient été vérifiés ; après 6 heures de marche je fis un essai dynamométrique et j'obtins, pour force indiquée 30 ch. vap 08, ce qui concorde bien avec la moyenne de 42 essais qui nous donnent pour moyenne 30 ch. vap. 41.

Je fis alors enlever tous les graisseurs sauf ceux des deux premiers paliers de la transmission venant de la machine ; nettoyer les parties frottantes pour enlever le peu d'huile qui restait. La machine continua dans ces conditions. Voici le résultat des expériences avec l'heure de chaque essai partiel comptée à partir du moment où les graisseurs furent enlevés.

	Temps.	Force indiquée.	Proportion. — Augmentation %.
1er Essai dynamométrique . . .	0	30 . 08	» »
2e id.	2h.	31 . 60	5 . 50
3e id.	3	33 . 47	10 . 90
4e id.	4	35 . 34	17 . 45
5e id.	6	37 . 33	30 . 78

Après cette expérience je fus obligé d'arrêter, car plusieurs paliers commençaient à chauffer.

Si nous laissons de côté les 4° et les 5° essais qui représentent des cas irréalisables en pratique, il résulte néanmoins des 3 premiers résultats qu'une variation de 5 à 10 p. 100 dans la force est facile à obtenir par un graissage à la main qui ne peut être continuel puisqu'il suffit qu'un coussinet n'ait pas reçu d'huile pendant trois ou quatre heures pour que le frottement augmente de cette quantité.

Voici encore un autre renseignement.

J'ai été amené à faire marcher le matériel de la filature au mouillé à vide en maintenant la température de l'atelier constante en ne graissant qu'une seule fois les crapaudines et les collets pendant le 1/3 de jour comme on opère souvent en marche industrielle, d'habitude nous graissions au contraire deux fois par tiers de jour. La moyenne de 6 essais faits tous les quarts d'heure a donné un chiffre de 1 $^{ch.}$ 619 par 100 broches en moyenne.

A la suite de ces essais je fis des expériences dont il est rendu compte en détail plus loin ; en maintenant la température de l'atelier constante et le graissage des broches et des rouleaux permanents, la moyenne de 6 essais donna un chiffre de 1 $^{ch. vap.}$ 495 pour 100 broches. La différence de $1.619 — 1.495 = 0.144$ ou 8.88 p. 100 , représente donc la différence absorbée par le graissage tel qu'il se pratique, et le graissage continu des collets, crapaudines et pressions.

Le graissage à la main est donc très-mauvais au point de vue de l'économie de charbon, de l'économie d'huile et de la durée des machines.

Bien des industriels hésitent pourtant à monter ce système de graissage permanent, reculant devant la dépense première d'installation et devant le coût de l'entretien.

Voici quelques renseignements économiques à ce sujet :

Pour toutes nos machines nous avions 1,230 graisseurs ayant coûté 1,599 francs.

Nous avons dépensé pour les entretenir une somme de 961 fr. 65 pour les années 1869, 1870, 1871, 1872, soit 240 francs 70 par an.

Le compte d'huiles et graisses se soldait :

1° Exercice de 12 mois 1869-1870 pendant lequel on se servait pour la filature au mouillé d'huiles grasses par . . 4,507 80

2° Exercice 12 mois 1871-1872.
Tout le matériel graissé à l'huile minérale. . . 3,648 90

3° Exercice 12 mois 1872-1873. . . . . . . 3,580 50

Dans ces chiffres sont compris :

L'huile minérale, l'huile grasse, la graisse pour la machine à vapeur et les tourillons, le dégras pour les courroies.

Si nous rapportons ces chiffres au nombre de broches et au nombre de paquets fabriqués nous trouvons que nous dépensions, sans compter le salaire du graisseur.

PAR AN.	1er Exercice.	2e Exercice.	3e Exercice.
1° Par broche	1 fr. 266	1 fr. 024	1 fr. 005
2° Par paquet	» 304	» 243	» 245

Tout le graissage de l'usine nous coûtait donc 0 fr. 25 au paquet.

Le graissage automatique a aussi un avantage considérable au point de vue de l'économie de main d'œuvre.

Les collets et les crapaudines de nos 3,680 broches et de nos 5 séries de préparation étaient graissés 6 fois par jour, les rouleaux 3 fois et les deux hommes chargés de ce service cannelaient les rouleaux de la filature au mouillé.

TEMPÉRATURE AMBIANTE ET ÉTAT HYGROMÉTRIQUE DES ATELIERS.

Je n'ai pu faire aucune expérience bien précise sur l'influence que peuvent avoir les variations de la température sur le matériel en marche.

Comme tous les industriels j'ai pu constater que malgré le chauffage des ateliers pendant l'hiver, il faut développer pour mettre en fonction le même matériel une force plus grande pendant cette saison que pendant l'été. Cette différence s'explique facilement par suite de l'échange de chaleur permanent qui s'opère entre les métiers et l'air ambiant sans cesse renouvelé autour des pièces en marche.

Je puis citer quelques essais sur l'influence de la durée de l'arrêt, c'est-à-dire sur la force absorbée par une machine pendant les premiers moments de sa marche lorsqu'elle passe de l'état de repos à l'état de mouvement, comparée à la force moyenne qu'elle prend pour fonctionner dans son état normal.

Le samedi 12 février 1870 à 6 heures du matin par une température intérieure de — 3° je fis un essai dynamométrique sur tout le matériel qui était en marche depuis 5 heures 1/2 du matin après un arrêt de 10 heures. A ce moment les hommes chargés du graissage avaient fini de lubrifier presque toutes les broches ; la force indiquée était de 179 ch. vap. 35.

A 11 heures, après une marche par conséquent de 5 heures en déduisant la demi-heure du déjeûner des ouvriers, la température intérieure étant de 4°, la force indiquée par un nouvel essai fut de de 165.89, soit 13 ch. vap. 46 de différence ou 8 p. 100 environ.

Dans le tableau ci-joint j'ai résumé quelques expériences de ce genre...

ESSAIS.	Heure de l'essai.	Température extér[re].	Température moyenne intér[re].	Force indiquée	Différence sur l'essai 11 heures.
N° 1. Samedi 12 février 1870..	6 h. mat.	— 14	— 3°	179.35	
» »	11 »	— 9	+ 4°	165.89	8.11 %
N° 2 id. 5 mars » ..	6 »	— 4	+ 1°	179.14	
» »	11 »	+ 4	+ 7°	164.38	8.98
N° 3. id. 12 mars » ..	8 1/2	— 2	+ 6°	166.17	
» »	12 »	+ 5	+10°	162.49	2.25
N° 4. id. 2 avril » ..	6 »	+ 4	+ 7°	176.67	
» »	11 »	+ 7	+12°	162.80	8.51

Le fait le plus remarquable qui résulte de ces chiffres c'est que malgré des différences de température intérieure assez sensibles puisqu'il y a 10° entre les essais n° 1 et n° 4, l'écart de force entre les deux essais reste à peu près constant et égal à 8 p. 100 lorsque les deux essais, c'est-à-dire le temps depuis lequel le matériel fonctionne, reste lui-même constant.

Si, au contraire, comme dans les conditions de l'essai n° 3, le premier essai a lieu non plus 1/2 heure après la mise en marche de l'usine, mais bien 3 heures après, l'écart des forces indiquées n'est plus que de 2.25 p. 100 ou à peu près nul.

Nous verrons en continuant cette étude que notre filature au mouillé absorbe pour marcher à vide, dans les conditions ordinaires, 1 $^{\text{ch. vap.}}$ 543 par 100 broches.

Le 12 février 1873 je fis un essai après une demi-heure de marche de cette partie du matériel, ayant eu soin de faire graisser avant la mise en route les crapaudines, collets etc. La force indiquée était de 1 $^{\text{ch. vap.}}$ 831 par 100 broches, soit une différence de 9.60 p. 100 sur le chiffre moyen.

Je n'ai cité ces chiffres que pour prémunir les expérimentateurs qui entreprendraient des essais analogues sur la force absorbée par les machines, contre l'inconvénient de commencer les essais trop vite après la mise en marche ; il pourrait se produire des erreurs graves dont il serait bien difficile de se rendre compte.

Les autres causes perturbatrices telles que le poids des matières travaillées dans l'unité de temps et les différences de vitesse d'étirage ou de torsion seront suffisamment élucidées par les essais dont nous allons rendre compte.

Cette revue rapide et malheureusement bien incomplète des principales causes de variations de la force nécessaire à la marche d'un outillage industriel permet de comprendre les différences si grandes que l'on trouve dans des essais dynamométriques ; différence qui peut atteindre 25 p. 100 et quelque fois 30 p. 100 si l'on opère sur des métiers mal graissés, mal tenus, avec une température froide.

Dès le début de ce travail nous avons expliqué que nous nous proposions de rechercher les chiffres pratiques d'une marche industrielle, nous sommes donc bien obligés de tenir compte de ces mauvaises conditions qui se réalisent du plus au moins dans le cours d'une année, et l'on admettra bien maintenant avec nous que ce ne sera que grâce à des expériences très-nombreuses faites aux époques les plus diverses, que l'on peut espérer trouver le chiffre pratique représentant la force moyenne absorbée par une machine.

APPROXIMATION DES ESSAIS DYNAMOMÉTRIQUES.

Nous allons chercher à résoudre la question que nous nous sommes posée à la fin du chapitre consacré à la recherche de l'échelle de l'indicateur.

« Avec quelle approximation les essais faits à l'indicateur de Watt représentent-ils la force réellement transmise à la machine à » vapeur ? »

Il s'agit de s'assurer si les dynamomètres de Watt produisent des indications exactes, régulières, et dans le cas où nous nous plaçons toujours c'est-à-dire dans une série d'expériences industrielles, quelle peut être la part d'erreur que l'on doit attribuer à l'instrument.

D'après la description que nous avons donnée de l'appareil on comprendra de suite que toute la justesse de l'indicateur dépend uniquement de la parfaite exécution du ressort ; il faut, en effet, que sous des charges variant comme 0.05 est à 4, les compressions restent proportionnelles aux efforts exercés sur le petit piston.

Notre appareil était dans de bonnes conditions puisque d'après nos essais cités plus haut pour tarer l'appareil, l'erreur pour des pressions variant de 4 à 5 $^{atm.}$ n'est que de 4.27 $0/0$.

Cette vérification ne me satisfaisait pas entièrement. En effet, comme je l'ai déjà indiqué, elle ne se produit pas dans des conditions identiques à celles où se trouve l'appareil lorsqu'il fonctionne.

Que l'on opère à froid ou à chaud pour chercher l'échelle de l'appareil il ne peut y avoir d'erreur provenant du fait de l'expérimentateur ; à froid les dilatations sont évitées ; à chaud, c'est-à-dire en installant l'appareil sur une chaudière, l'appareil est constamment sous l'influence d'une température intérieure qui va croissant, il est vrai, mais il n'est pas soumis aux variations brusques de température comme dans une série d'essais sur les 4 cylindres de 2 machines jumelles de Woolf qui nous ont servi pendant tous nos essais.

D'après ce que nous avons dit plus haut pour la vérification de l'indicateur sur une chaudière on aura remarqué que le ressort est soumis successivement à des pressions croissantes depuis $1^{atm.}$ jusqu'à 4^{atm} 5, mais ces efforts variables sur le piston se font d'une manière continue, sans secousse et constamment dans le même sens.

Dans les essais des machines à vapeur les mouvements du ressort sont tout à fait différents. Au moment où la vapeur arrive dans le cylindre à pleine pression le ressort est violemment comprimé et reste à peu près dans cet état pendant toute l'admission. Durant le travail de la détente le ressort s'allonge successivement et reprend sa position naturelle quand la pression de la vapeur atteint $1^{atm.}$; mais pendant la condensation, qui réduit la contre-pression à 0 k. 190 par centimètre carré, le ressort est obligé de se détendre au-delà de sa position normale d'équilibre.

Il m'a paru dès lors très-important de vérifier si dans des conditions aussi diverses le ressort se conduisait de la même façon, c'est-à-dire si ses allongements restaient bien proportionnels aux pressions.

Or, il est évident que si je relève une série de courbes à l'indicateur en parvenant à maintenir la force soumise aux essais sensiblement constante, le travail indiqué par les courbes devra être lui-même constant si l'appareil fonctionne régulièrement.

Si au contraire nous obtenons des résultats différents pour la mesure d'un même travail, c'est que l'indicateur ne subira pas des allongements proportionnels aux pressions, et les différences obtenues nous indiqueront sensiblement les erreurs commises en se servant de cet appareil.

Il m'a donc semblé qu'une série d'expériences directes dans lesquelles on s'efforcerait, je le répète, de maintenir les forces soumises à l'expérience constantes, donnerait seule une solution pratique de cette question.

Je vais donner quelques détails sur les essais que j'ai entrepris à cette occasion.

L'appareil que je voulais expérimenter était en service chez nous depuis trois ans et avait déjà fait environ 2200 à 2500 opérations, nous avons donc vérifié un appareil ayant beaucoup d'usage et non un appareil neuf ; nous étions ainsi dans des conditions vraiment pratiques.

Je choisis comme force à essayer 9 métiers au mouillé représentant 1080 broches ; je soumettais ainsi à l'expérience une force moyenne de 50 à 55 $^{ch.\ vap.}$, et pour être sûr que tout le matériel restait en mouvement je n'avais qu'à compter le nombre de cordes à broches qui cassaient ; les cordes ayant été bien vérifiées avant de commencer les épreuves.

Deux broches seulement arrêtèrent et j'ai par suite négligé cette cause d'erreur.

Il fallait autant que possible annuler les causes de variations de force que nous avons signalées en commençant ce chapitre. Voici les diverses précautions prises pour obtenir ce résultat :

Les essais ayant duré de 3 heures à 4 heures 1/2, c'est-à-dire 1 heure 1/2, je crois qu'on peut admettre que les pièces mécaniques qui composent la machine, les courroies qui servent de commande pour les métiers sont restées dans le même état pendant toute la durée des expériences.

La force absorbée par une machine dépend aussi comme nous l'avons vu :

Du poids des matières travaillées dans l'unité de temps, de l'étirage, de la torsion donnée aux fils, de la différence d'entretien et de propreté des machines provenant du fait des ouvrières.

Des écarts sensibles pouvaient provenir de ces causes, je les annulais en opérant sur le matériel à vide.

La veille des essais les métiers furent nettoyés à fond et l'on eut soin de bien enlever les déchets ou autres corps étrangers qui pouvaient se trouver dans les collets, crapaudines, ou axes de rouleaux.

Nous avons vu aussi que le graissage peut donner une augmentation de 15 0/0 sur les forces indiquées suivant qu'il est plus ou moins régulier ; j'ai dû porter toute mon attention sur ce point capital.

L'huile employée fut, bien entendu, toujours la même, l'huile minérale.

Tous les paliers et coussinets des transmissions et de la machine à vapeur furent vérifiés, pas un seul ne chauffait ; avant les essais ils furent tous graissés abondamment à la main puis munis comme d'ordinaire d'un graisseur de la Coux dont le bon fonctionnement avait été reconnu.

Un homme était spécialement chargée de la surveillance de la transmission et pas un seul palier ne s'échauffa.

Pour les neuf métiers à filer, je mis deux hommes pour graisser constamment les collets et les crapaudines ; un troisième fut chargé des coussinets de tambour ; enfin deux autres graisseurs ne s'occupèrent que des axes de rouleaux étireurs et fournisseurs.

Avant la mise en route tous les axes des tourillons des engrenages des métiers avaient été bien nettoyés et bien graissés.

Toutes les précautions ont donc été prises pour annuler les erreurs provenant d'un graissage plus ou moins différent pendant la durée des essais, surtout si on se rappelle que je n'ai nullement la prétention de présenter des expériences faites avec la précision de recherches scientifiques, mais bien seulement des essais pratiques faits dans les conditions les plus exactes possibles.

Je cherchai à diminuer aussi l'influence perturbatrice du changement de température de l'air ambiant de l'atelier. Grâce aux tuyaux de chauffage que j'avais à ma disposition je parvins à tenir la température de la salle à 18° d'une façon assez régulière, six thermomètres à maxima et à minima placés dans divers endroits de la pièce ont donné comme moyenne :

$$\text{Maxima} \quad 19°$$
$$\text{Minima} \quad 17°$$

La vitesse normale des broches de la filature était 2800 tours à la 1', la vitesse de régime de notre machine étant de 25 tours ; on comprend l'intérêt que j'avais de m'assurer, pendant les essais, de la vitesse de la machine puisque 1 tour de l'arbre du volant représente 112 tours des broches.

Ne pouvant malgré des tentatives infructueuses , mesurer exactement la vitesse des broches, je portai toute mon attention sur la vitesse de la machine , et voici les précautions prises à cet objet.

Notre machine à vapeur était munie d'un compteur de tours de Garnier, marquant 6 tours pour un tour du volant , soit 150 tours à la 1'.

Trois minutes avant chaque essai muni d'un compteur à secondes de Bréguet à arrêt instantané , je notais le chiffre du compteur ; au bout des trois minutesje le relevais à nouveau ; en divisant par 18 j'avais le chiffre moyen de tours opérés par la machine et par minute, je pouvais ainsi régler l'entrée de la vapeur.

Par mesure de précaution j'astreignis le chauffeur à une pression sensiblement constante ce dont j'ai pu m'assurer par l'appareil Naudin.

Pendant les essais j'opérais de même, c'est-à-dire qu'au moment où nous commencions, un homme comptait les chiffres du compteur de tours et je mettais le compteur de secondes en route. A la fin de l'expérience au moment où j'arrêtais le compteur de secondes je relevais le chiffre indiqué au compteur de tours.

Voici le résultat des expériences sur la vitesse de la machine à vapeur :

	DURÉE DE L'ESSAI.			CHIFFRE normal.	CHIFFRE trouvé.
1er ESSAI.....	3h.	3' 28"	208"	520	525
2e —	3 1/4	4' 02"	242"	605	607
3e —	3 1/2	3' 17"	197"	492 . 5	496 . 5
4e —	4	3' 29"	209"	522 . 5	527 . 5
5e —	4 1/4	4' 05"	245"	612 . 5	609
6e —	4 1,2	3' 42"	202"	505	508
				3257 . 5	3273 . 5

Ainsi donc au lieu de 3,257 t. 5 que nous aurions dû trouver nous avons obtenu 3,273 soit 15 t. 5 de différence sur 3,273 , ou une erreur relative de 0,005.

Je ne saurais trop insister auprès des personnes qui voudraient faire des essais analogues , pour leur recommander de régler elles-mêmes la vitesse des machines à vapeur , la différence de force indiquée à l'indicateur Watt devenant très-sensible pour un tour à peine en plus de l'arbre du volant.

La dernière cause d'erreur que je devais chercher à atténuer provenait de l'état de lourdeur des métiers qui sont restés arrêtés pendant un certain temps.

Je fis marcher les métiers depuis 4 h. du matin jusqu'à 12 h. profitant de cette marche pour faire des essais dont je rendrai compte.

J'arrêtai de 12 h. à 12 3/4 pour prendre quelques dernières précautions, je remis en marche de 12 3/4 à 3 h. et ce ne fut qu'à 3 h. que je commençai les expériences.

Toutes ces précautions paraîtront bien minutieuses et bien longues mais les ingénieurs qui ont manié souvent l'indicateur de Watt en comprendront toute l'utilité.

Chaque essai durait 10 coups de piston et l'épaisseur des courbes tracées n'était guère que de 1 $^{m}/_{m}$ d'épaisseur.

La partie des transmissions qui étaient en mouvement essayées à 2 h. 50 et à 4 h. 45 donnèrent une moyenne de 23$^{ch. vap.}$ 69 en comprenant la force absorbée par les machines dont une seule marchait, l'autre étant entraînée.

J'ai mis en effet en route une seule des deux machines. J'avais ainsi deux courbes seulement à calculer par essai et j'obtenais surtout pour le grand cylindre des courbes plus grandes et plus naturelles que celles qu'on aurait trouvées en faisant marcher les 2 machines par suite de la petite force 50 $^{ch.}$ environ que j'avais à rechercher.

N°s d'ordre	HEURE de l'essai.	NOMBRE de broches. 2 p. 1/2.	NOMBRE de broches. 2 p. 3/4.	NOMBRE total de broches.	FORCE totale indiquée.	FORCE indiquée des transmissions et machines à vapeur.	FORCE absorbée par la filature au mouillé.	FORCE absorbée aux 100 broches.
					ch. vap.			
1°	3ʰ.	880	1000	1880	51 . 57	23 . 69	27 . 88	1 . 482
2°	3 1/4	880	1000	1880	51 . 04	23 . 69	27 . 35	1 . 454
3°	3 1/2	880	1000	1880	51 . 96	23 . 69	28 . 27	1 503
4°	4	880	1000	1880	51 . 50	23 . 69	27 . 81	1 . 480
5°	4 1/4	880	1000	1880	51 . 50	23 . 69	27 . 81	1 . 480
6°	4 1/2	880	1000	1880	51 . 96	23 . 69	28 . 27	1 . 503
	Moyenne						27 . 89	1 . 475

Nous aurons divers résultats à tirer de ces renseignements mais actuellement je ne veux parler que de la régularité des essais dynamométriques quand ils sont les résultats d'une force sensiblement constante ou qu'on peut supposer telle dans les conditions de la pratique.

Si nous rangeons les essais non plus dans l'ordre où ils ont été faits mais d'après la valeur des forces absorbées pour faire fonctionner 100 broches de filature au mouillé et si nous représentons par 100 le chiffre le plus élevé obtenu dans les essais 3° et 6° nous aurons les proportions suivantes :

HEURE DES ESSAIS.	FORCE ABSORBÉE pour 100 broches.	NOMBRE proportionnel.
3ʰ. 1/2	1 . 503	100
4 1/2	1 . 503	100
3	1 . 482	98 . 60
4	1 . 480	98 . 46
4 1/4	1 . 480	98 . 46
3	1 . 454	96 . 73
Moyenne	1 . 475	98 . 43

La colonne des nombres proportionnels nous montre qu'il y a 3,27 p. 100 d'écart entre le maximum et le minimum et 1.87 p. 100 entre le maximum et la moyenne des 6 expériences.

Ces chiffres permettent donc d'affirmer que le résultat obtenu par la moyenne d'un grand nombre de courbes dynamométriques donne un chiffre exact à 2 p. 100 près et que toute différence de force en dehors de ce chiffre provient des causes si nombreuses de perturbation dont nous nous sommes déjà si longuement entretenus.

ESSAIS JOURNALIERS A L'INDICATEUR DE WATT.

Pour nous rendre compte de notre consommation journalière de charbon, de la valeur productive de nos chaudières et de la régularité de marche des machines à vapeur nous avions installé une comptabilité toute spéciale.

Tous les jours on pesait le charbon donné au chauffeur et les cendres ou machefers produits par la combustion. La quantité d'eau introduite dans les chaudières était relevée à un compteur d'eau et vers midi le chauffeur faisait un essai des machines à l'indicateur de Watt ; les courbes obtenues nous donnaient la force absorbée par les machines en marche.

Les contre-maîtres prévenus par le chauffeur notaient les noms et le nombre des machines arrêtées au moment de l'expérience.

Ces deux renseignements étaient inscrits journellement sur un registre spécial désigné sous le nom de Livre des machines à vapeur ; à la fin de chaque mois on faisait la moyenne et on obtenait ainsi :

La force moyenne indiquée absorbée pendant le mois par le matériel en activité c'est-à-dire, par tout le matériel moins les machines arrêtées au moment des essais journaliers.

TABLEAU A.

DATES	JOURS	HEURES de travail	Vide au condenseur	Température des gaz à leur sortie	Température extérieure à 12 heures	Nombre de tours de la machine	Diff. en plus	Diff. en moins	CHARBON Anzin tout-venant	CENDRES	MACHEFER	RÉUNION	0/0
1	J	12	71 1/2	260	+ 6	18254	254	»	2850	118	249	367	12.87
2	V	12	72	260	+ 9	18303	303	»	2740	139	209	348	12.70
3	S	11 3/4	71 1/2	260	+ 7	18047	047	»	2540	131	223	354	13.93
5	L	12	71 1/2	250	+ 8	18369	369	»	2850	131	224	355	12.45
6	M	12	71 1/2	250	+12	18359	359	»	2750	121	233	354	12.87
7	M	12	72	260	+12	18400	400	»	2600	145	209	354	13.64
8	J	12	72	260	+11	18488	488	»	2700	166	197	363	13.44
9	V	12	72	260	+ 8	18534	534	»	2750	170	200	370	13.45
10	S	11 3/4	72	260	+ 8	18240	240	»	2550	157	195	352	13.80
12	L	12	72	250	+ 5	18240	240	»	2950	155	215	370	12.54
13	M	7	72	260	+ 6	10564	61	»	1700	111	140	251	14.76
14	M	12	72	260	+ 6	18244	244	»	2750	114	230	344	12.50
15	J	12	72	260	+ 6	18226	226	»	2700	130	242	372	13.77
16	V	12	72	260	+ 4	18247	247	»	2680	112	222	334	10.11
17	S	11 3/4	72	260	+ 6	17907	282	»	2700	131	168	299	11.07
19	L	12	72	260	+ 9	18163	163	»	2820	116	176	292	10.35
20	M	12	72	260	+11	18073	73	»	2600	108	156	264	10.45
21	M	12	72	270	+ 8	18255	255	»	2700	131	166	297	11.
22	J	12	72	280	+ 6	18246	246	»	2800	121	155	276	9.85
23	V	12	72	280	+ 8	18340	340	»	2720	120	162	282	10.36
24	S	11 3/4	72	280	+ 8	17970	345	»	2572	132	170	302	11.74
26	L	12	72	270	+10	18425	126	»	2702	132	192	324	11.99
27	M	12	72	270	+ 3	18292	292	»	2850	151	206	357	12.52
28	M	12	72	270	+ 4	18154	154	»	2840	146	194	340	11.97
29	J	12	72	280	+ 5	18052	52	»	2800	135	167	302	10.78
Moy° pr		24 j. 1/2	71 92	264 40	+7.38	18286			2743				12.18

DATES	CHEVAUX-VAPEUR Gauche Petit	Gauche Grand	Réunion Gauche	Droite Petit	Droite Grand	Réunion Droite	RÉUNION générale
1	24.07	36.56	60.63	23.84	35.62	59.46	120.09
2	24.54	36.56	61.10	24.54	35.62	60.16	121.26
3	23.84	37.50	61.34	24.54	36.56	61.10	122.44
5	25.71	41.25	66.96	24.07	42.18	66.25	133.21
6	25.71	38.43	64.14	24.07	34.68	58.75	122.89
7	24.77	42.18	66.95	22.44	37.50	59.94	126.89
8	21.73	35.62	57.35	23.14	36.56	59.70	117.05
9	23.37	36.56	59.93	23.84	38.43	62.27	122.20
10	22.20	36.56	58.76	24.31	37.50	61.81	120.57
12	24.31	42.18	66.49	27.34	45.93	73.27	139.76
13	23.84	41.25	65.09	24.54	37.50	62.04	127.13
14	23.84	38.43	62.27	23.37	40.31	63.68	125.95
15	23.60	37.50	61.10	23.37	38.43	61.80	122.90
16	24.54	39.36	63.90	23.60	36.56	60.16	124.06
17	23.37	41.25	64.62	27.25	37.50	64.75	129.37
19	24.54	39.36	63.90	24.07	37.50	61.57	125.47
20	23.60	31.86	55.46	22.90	31.86	54.76	110.22
21	24.31	34.68	58.99	23.84	35.62	59.46	118.45
22	23.37	36.56	59.93	22.67	35.62	58.29	118.22
23	24.31	35.62	59.93	22.90	35.62	58.52	118.45
24	25.04	35.62	60.63	25.04	40.34	65.32	125.95
26	23.84	35.62	59.46	24.07	30.96	55.03	114.49
27	25.17	40.31	65.48	25.94	38.43	64.37	129.85
28	25.04	39.36	64.37	24.77	34.68	59.45	123.82
29	24.07	37.50	61.57	25.47	30.93	56.40	117.67
Moy° pr							123.13

DATES	Charbon brûlé par jour : 400 k. Allumage, 500 chauff. déduits	Nombre de litres total au compteur d'eau	Eau vaporisée par jour	Charbon brûlé par cheval et par heure	Eau vaporisée par kilog. de charbon	Pression barométrique extérieure
1	1950	974460	22680	1.353	9.25	764
2	1840	994930	20470	1.264	8.74	761
3	1640	1,014770	19840	1.416	9.27	762
5	1950	36850	22080	1.278	9.04	759
6	1850	56900	20050	1.254	8.56	760
7	1700	78040	21140	1.416	9.59	762 1/2
8	1800	96870	20860	1.281	9.07	762 1/2
9	1850	117190	20320	1.254	8.64	763
10	1650	136330	19140	1.140	8.90	763
12	2050	157130	20800	1.222	8.16	757
13	800	168970	11840	0.898	9.10	756
14	1850	189560	20590	1.224	8.80	758
15	1800	210670	21140	1.220	9.17	753
16	1780	229970	19300	1.195	8.46	756
17	1800	254130	21160	1.159	9.20	764
19	1920	272140	21040	1.275	8.68	760
20	1700	290450	18310	1.285	8.32	762
21	1800	314250	20800	1.266	8.47	765
22	1900	331620	20370	1.339	8.48	767
23	1820	350370	18750	1.280	8.08	759
24	1672	370690	20320	1.130	9.35	756
26	1802	394120	20430	1.344	9.40	752 1/2
27	1950	412730	31610	1.254	9.38	764
28	1940	432440	19680	1.305	8.06	764
29	1900	453110	20700	1.345	8.62	766
Moy° pr			20544	1.230	8.82	760

TABLEAU B.

Métiers arrêtés en février 1872.

DATES.	PEI-GNEUSES	CARDES.	ÉTI-RAGES.	BANCS à BROCHES	ÉTA-LEUSE.	BROCHES au sec.	BROCHES au mouillé.
1	1	1	8	4	1	150	»
2	1	1	7	2	1	225	»
3	1	1	5	2	1	75	»
5	1	1	5	3	»	150	»
6	1	1	5	3	»	225	208
7	1	1	4	3	2	225	208
8	1	2	10	3	2	150	208
9	1	»	6	3	»	225	208
10	1	4	6	4	1	150	»
12	1	1	6	4	»	150	»
13	1	3	7	2	»	75	208
14	1	4	6	2	1	75	»
15	1	1	7	5	»	150	208
16	4	2	8	1	»	150	»
17	4	2	6	5	1	300	»
19	4	2	6	3	1	150	»
20	4	2	6	4	1	75	208
21	4	2	8	3	1	150	416
22	4	3	8	5	1	150	»
23	4	»	6	5	2	225	208
24	4	1	3	4	»	150	208
26	4	2	8	3	1	150	»
27	4	»	4	3	»	150	»
28	1	1	5	2	1	150	»
29	1	»	4	4	1	75	»
	55	38	154	82	19	3900	2288
Moyenne par jour.	2.20	1.52	6.46	3.28	0.76	156	91.52
18ch.921	1ch.221	3.199	2 858	4.234	0.352	5.007	2.050

En faisant , d'un autre côté , la moyenne mensuelle des divers métiers arrêtés , calculant la force de ces métiers et ajoutant la somme ainsi obtenue au chiffre ci-dessus de la moyenne mensuelle donnée par le chiffre du livre du chauffage , nous aurons : *la force totale absorbée par le matériel.*

Or , il est bien évident que si nous prenons cette moyenne , non pas pour un mois , mais pour huit mois comme nous l'avons fait , nous obtiendrons ainsi la moyenne de 201 jours de travail industriel, c'est-à-dire le nombre très-approximatif de chevaux-vapeur néces-saires pour faire fonctionner industriellement tout le matériel , les causes d'erreurs les plus variables ayant pu se produire dans des sens tout à fait différents.

Nous allons entrer maintenant dans quelques détails.

Le tableau A est la copie exacte de notre livre des machines à va-peur pour le mois de février.

Je ne discuterai pas les renseignements intéressants fournis par ce tableau , je ne prendrai que les chiffres concernant la force développée par nos machines.

Nos machines sont du système Woolf , jumelles et verticales, cons-truites par M, Boyer , de Lille. Nous avons fait séparer les résultats des deux machines pour nous rendre compte de la charge que cha-cune supporte individuellement , ce qui nous permet , quand la dif-férence est trop grande , de faire rectifier au chauffeur son entrée de vapeur. La moyenne du mois a été de 123 chevaux-vapeur 13 centièmes.

Le tableau B nous donne les métiers arrêtés journellement au mo-ment des essais , soit pour nettoyage , démontage des métiers à filer, ou toute autre cause.

Les nombres de la dernière ligne représentant la moyenne des mé-tiers arrêtés par jour, en calculant le nombre de chevaux-vapeur né-cessaires pour la marche de chacune de ces machines et ajoutant le total au nombre 123 chevaux-vapeur 13 ci-dessus indiqué , nous aurons l'expression de la force absorbée par notre matériel pendant le mois de février.

Nous avons expliqué que pour tenir compte des éléments si divers

B

qui influent sur la force nécessaire à la marche d'un matériel, il fallait ne se servir que des chiffres représentant la moyenne d'un grand nombre d'expériences, c'est dans ces conditions que nous nous sommes mis pour obtenir la force absorbée par chaque machine, force que nous avons maintenant à calculer.

CALCUL DE LA FORCE ABSORBÉE PAR LES TRANSMISSIONS ET LES MACHINES.

Voici la marche suivie : à une heure, aussitôt que les métiers avaient ralenti, les ouvrières sortaient pour le dîner et le chauffeur remettait sa machine à sa vitesse normale de 25 tours par minute.

Nous opérions ainsi pour éviter la déperdition de calorique que subit tout matériel en repos, déperdition qui augmente le travail absorbé au moment de la mise en route. Après dix minutes de marche en blanc, toutes les courroies sur les poulies folles des machines, on faisait l'essai à l'indicateur de Watt sur les quatre cylindres ; le calcul de ces courbes nous donnait la force absorbée :

Par les machines à vapeur + par les transmissions et les courroies.

La moyenne de 42 essais faits depuis le 1er août 1871 jusqu'au 28 février 1872, nous a donné le chiffre de 30 chevaux-vapeur, 44 = T. Le maximum a été, le 9 décembre 1871, 32 chevaux-vapeur 10. Le minimum a été le 18 juillet 1871, 22 chevaux-vapeur 40.

On voit que l'écart entre ces deux chiffres est de 3 chevaux-vapeur 50, soit 10,90 0/0 ce qui provenait surtout des différences de vitesse des machines sous une aussi faible charge, malgré toutes les précautions qu'on prenait pour la maintenir à sa vitesse de régime de 25 tours par minute.

CALCUL DE LA FORCE ABSORBÉE PAR LES CARDES.

Nos cardes se composent de :

1° Une carde 5/6, 6 systèmes de travailleur et débourreur, 3 doffer sur le devant ;

2° Trois cardes 4/6, 6 systèmes de travailleur et débourreur, 2 doffer sur le devant.

Nous opérions comme nous l'avons indiqué tout à l'heure.

A une heure et dix minutes de l'après-midi, la machine à sa vitesse, toutes les courroies des machines sur les poulies folles et les cardes qui n'avaient pas arrêté, mais seulement ralenti, ayant repris leur vitesse normale, on faisait un essai à l'indicateur, nous obtenions ainsi la somme des forces prises par :

Les machines + les transmissions et les courroies + les quatre cardes.

L'essai terminé et les cardes arrêtées, on faisait une nouvelle expérience qui nous donnait pour ce jour la force prise par la machine, les transmissions et les courroies. La différence des deux chiffres ainsi obtenus représente la force de 4 cardes.

Douze expériences nous ont donné une moyenne de 8 chevaux-vapeur 42. Le maximum et le minimum ont été obtenus : le 20 octobre 1871, 9 chevaux-vapeur 10 ; le 10 janvier 1872, 7 chevaux-vapeur 40. La différence entre ces deux chiffres est de 1 cheval-vapeur 70 soit 18-68 0/0.

Une des principales causes de cette variation provient de la différence des charges de matières que nous mettions sur les tabliers. Le 20 octobre nous préparions en effet du N° 6 étoupe pions et le poids de matières était de 327 grammes par division du tablier. Le 10 janvier, nous cardions du 16 étoupe et la charge par division du tablier n'était plus que de 82 grammes.

CALCUL DE LA FORCE EMPLOYÉE PAR LES ÉTIRAGES ET ÉTALEUSES.

La moyenne de 25 essais effectués dans les conditions que nous venons d'indiquer, nous a donné pour nos 14 étirages, comprenant 29 têtes ou 156 rubans un chiffre de 7 chevaux-vapeur 19.

Les maximum et minimum se sont produits : le 17 janvier 1872, 8 chevaux-vapeur 04 ; le 4 août 1871, 6 chevaux-vapeur 82. La différence est de 1 c. vapeur 22 c. soit 15 0/0.

CALCUL DE LA FORCE EMPLOYÉE PAR LES BANCS A BROCHES.

Nous possédons six bancs à broches à cônes différentiels, donnant un total de 330 broches. La moyenne de 27 expériences est de : 8 chevaux-vapeur 67 pour 330 broches, soit 2 chevaux-vapeur 627 par 100 broches. Les maximum et minimum ont eu lieu : Le 15 décembre 1872, 9 chevaux-vapeur 04 ; le 18 juillet 1872, 8 chevaux-vapeur 25. La différence est de 11-72 0/0.

CALCUL DE LA FORCE EMPLOYÉE PAR LES PEIGNEUSES.

Notre peignage mécanique comprend : Une peigneuse système et construction Combes, 6 presses, une peigneuse système Combes, construite par Rousselle et Dossche, de 8 presses, 2 peigneuses système Lowry, construites par J. Ward, une de 6 presses, une de 8 presses. La moyenne de 16 essais nous a donné pour les 4 peigneuses un chiffre de 2 chevaux-vapeur 228. La différence entre le maximum et le minimum, n'était que de 13-60 0/0.

CALCUL DE LA FORCE ABSORBÉE PAR LES FILATURES.

Nos filatures se composent de :

Filature au sec, **1480** *broches.*

8 métiers de 3 p^es 3/4 à 68 broches, soit 544 broches.
4   »   3   1/2 à 74   »   296   »
8   »   3   1/4 à 80   »   640   »

Filature au mouillé, **2080** *broches.*

12 métiers de 2 p^es 3/4 à 100 broches, soit 1200 broches.
8   »   2   1/2 à 110   »   880   »

Nous filons depuis le N° 6 anglais étoupe sec jusqu'au N° 22 lin sec ; au mouillé depuis le 20 étoupe jusqu'au N° 50 lin ; ordinairement le poids de la matière sur les métiers et la torsion variant beaucoup, il était urgent de faire de nombreux essais.

Voici comment nous avons opéré : les samedis étaient consacrés aux essais des filatures ; à 6 heures du soir, toutes les machines de préparations et de peignages étaient arrêtées pour le nettoyage ; les courroies en bas, il ne restait plus en marche que les deux filatures. Les contre-maîtres relevaient exactement le nombre de broches arrêtées dans les filatures au sec et au mouillé et le chauffeur faisait un essai à l'indicateur de Watt dont le calcul nous donnera une somme de travail que nous appellerons E_1.

Représentant par :

T_1 la force absorbée par la machine, les transmissions, et les courroies des métiers à filer sec ou mouillé sur les poulies folles ;

Les autres courroies des métiers de préparations étant mises bas comme nous l'avons déjà indiqué, ce chiffre différera essentiellement du nombre $T = 30$ chevaux-vapeur 44 indiqué en commençant.

La moyenne de dix-neuf essais nous donne $T_1 = 25$ chevaux-vapeur 50.

Soit S_1 la force absorbée par les broches de la filature au sec, dont le nombre est connu puisqu'il est égal à 1480 moins le chiffre de broches porté par le contre-maître comme arrêtées pendant l'essai ;

M_1 la force absorbée par les broches de la filature au mouillé, déduction faite des broches arrêtées.

Nous avons évidemment :

$$(1). \quad E_1 = T_1 + S_1 + M_1.$$

A sept heures moins le quart, la filature au mouillé était arrêtée et ses courroies enlevées des poulies folles.

Un essai avait lieu sur la filature au sec et en nous servant d'annotations analogues à celles que nous avons adoptées pour les premiers essais nous aurons :

$$(2). \quad E_2 = T_2 + S_2.$$

T_2 sera différent de T_1 puisqu'il ne comprend plus que la force absorbée par la machine, les transmissions et les courroies de la filature au sec.

Une moyenne de vingt-quatre essais nous donne :

$$T_2 = 23 \text{ chevaux-vapeur } 10.$$

De l'expression (2) nous tirons :

$$S_2 = E_2 - 23 \text{ chevaux-vapeur } 10.$$

Ce qui nous donne la force du nombre de broches de la filature au sec en activité, au moment du deuxième essai.

Pour trouver la force absorbée par la filature au mouillé, il nous faudrait connaître S_1 qui peut être différent de S_2 suivant que le nombre de broches arrêtées était le même ou différait dans les deux expériences.

Néanmoins nous pouvons de S_2 déduire S_1.

Supposons en effet que S_2 soit la force absorbée par la filature au sec totale, moins 75 broches qui étaient arrêtées, nous avons :

$$\frac{S_2}{1480-75} = \text{la force absorbée par une broche.}$$

Dans l'essai E_1 au contraire, il y avait, je suppose, 225 broches d'arrêtées, le nombre des broches en activité était donc seulement de $1480 - 225 = 1255$ et la force nécessaire à leur marche ou S_1 sera :

$$1255 \times \frac{S_2}{1480-75} = S_1.$$

$$S_1 = \frac{1255}{1405} S_2.$$

Remplaçant dans l'expression (1) T_1, par sa valeur 25 chevaux-vapeur 50, S_1 par son expression en S_2 qui est connue nous avons :

$$E_1 = 25 \text{ chevaux-vapeur } 50 + \frac{1255}{1405} S_2 + M_1.$$

Mais la valeur de E_1 nous l'obtenons par le calcul et le planimètre polaire, d'où nous déduisons :

$$M_1 = E_1 - 25 \text{ chevaux-vapeur } 50 - \frac{1255}{1405} S_2.$$

Nous arrivons ainsi à la valeur réelle de la force absorbée par les broches de la filature au mouillé.

Le tableau C. donne les détails et les résultats obtenus ainsi dans vingt expériences du 3 juin au 30 décembre 1871.

Les deux dernières colonnes du tableau donnent les résultats de chaque essai par 100 broches.

Les moyennes seraient :

100 broches au sec, 3 chevaux-vapeur 21.

100 » au mouillé, 2 chevaux-vapeur 24.

Et par suite pour nos deux filatures :

Filature au sec, 1480 broches, 47 chevaux-vapeur 50.

» au mouillé, 2080 broches, 46 ch.-vapeur 59.

L'inspection de ce tableau montre les variations considérables qui peuvent se produire, variations qui proviennent des causes indiquées au commencement de cette note, et aussi des diversités de N^{os} de fils fabriqués pendant cette période d'essais. Le tableau D donne le relevé du nombre partiel des broches en marche suivant les N^{os} de fil pour la filature au sec.

Pour le lin, les variations ont été :

Du N° 16 pesant 34 kil. au paquet.

Du N° 20 » 28 » »

Et pour les étoupes :

Du N° 6 pesant 90 kil. au paquet.

Au N° 14 » 40 » »

Il ne m'est donc pas possible de déduire de ces données les chiffres particuliers représentant la force absorbée par 100 broches pour filer un N° indiqué d'avance ; le seul résultat que nous puissions indiquer est celui-ci.

Une filature de lin et étoupe à sec composée dans les rapports suivants :

$$640 \text{ broches } 3 \text{ P. } 1/4.$$
$$296 \quad \text{»} \quad 3 \text{ » } 1/2,$$
$$544 \quad \text{»} \quad 3 \text{ » } 3/4,$$

demande en marche industrielle pour filer la série des N^os que comportent les dimensions de ces broches, une force totale de 47 chevaux-vapeur 50 ou 3 chevaux-vapeur 24 par 100 broches.

Le tableau E donne le relevé du nombre partiel de broches en marche suivant les N^os de fil pour la filature au mouillé. On remarque que dans ce tableau, le nombre des numéros de fils qui se trouvait en filature à chaque essai est beaucoup moins considérable que pour la filature à sec, nous avons donc pu en combinant ces expériences, arriver à établir les chiffres représentant approximativement la force absorbée par 100 broches des N°s 25, 28, 30.

Nous avons mis ces chiffres dans les colonnes de droite du tableau E qui donnerait :

Force absorbée par 100 broches pour filer au mouillé les numéros.

$$N^{os} \; 25 \qquad 2 \quad \text{chevaux-vapeur } 24.$$
$$28 \qquad 2 \qquad \text{»} \qquad 19.$$
$$30 \qquad 2 \qquad \text{»} \qquad 17.$$

L'influence considérable du poids des matières travaillées et surtout de la torsion sur la force absorbée par les machines, n'est pas contestable, mais voici les résultats d'une série d'expériences qui pourront donner une idée des variations provenant de ce fait.

Du 27 janvier au 30 mars 1872 , nous filions au mouillé des :

N° 40 pesant 14 kil. au paquet.

N° 45 » 12 » »

N° 70 » 8 » »

Tandis que dans les expériences du tableau C , nous avions encore les

N° 25 pesant 22 kil. au paquet.

N° 28 » 20 » »

N° 30 » 18 » -

Nous avons fait des essais spéciaux sur la filature au mouillé pour les N°s 40, 45, 70, les résultats sont consignés dans le tableau F et on voit dans ce cas la moyenne du nombre de chevaux-vapeur par 100 broches tomber à 1,72 au lieu de 2,24 , moyenne donnée par le tableau C.

Le tableau G donne la répartition du nombre de broches en marche dans chaque N° de fil.

Les résultats de ces diverses expériences prouvent qu'une filature au mouillé composée comme la nôtre dans les proportions de

880 broches, 2 p^{ces} 1/2,

1200 » 2 » 3/4,

absorberait en marche industrielle pour filer des N°s 25 à 30 une force moyenne de 46 chevaux-vapeur , 59 soit 2 chevaux-vapeur 24 par 100 broches ; pour filer des N°s 40 à 70 la force moyenne descendrait à 35 chevaux-vapeur 82 , soit 1 cheval-vapeur 72 par 100 broches.

TABLEAU C.

DATES.	Nombre de broches filature au mouillé.	Nombre de broches, filature au sec.	Nombre de broches arrêtées au sec. Essais N° 1.	Nombre de broches arrêtées au mouillé. Essais N° 1	E_1 Force des deux filatures et partie des transmissions Essais N° 1	T_1 Force des parties de transmissions dans les Essais N° 1.	Force des deux filatures sans transmissions	Nombre de broches arrêtées au sec. Essais N° 2.	E_2 Force de la filature au sec et partie des transmissions Essais N° 2.	T_2 Force des parties de transmissions dans les essais N° 2	S_2 Force de la filature au sec Essais N° 2.	S_1 Force de la filature au sec dans les conditions des essais N° 1.	M_1 Force de la filature au mouillé déduite par différence.	Nombre de chevaux par 100 broches au sec.	Nombre de chevaux par 100 broches au mouillé.
1874. Juin 3	2080	1480	»	208	147.05	25.50	94.55	»	75.43	23.40	52.03	52.03	40.52	3.54	2.46
— 10	2080	1480	150	208	124.08	25.50	88.58	150	68.57	23.40	45 47	40.93	47.65	3.42	2.54
Juillet 8	2080	1480	75	208	143.48	25.50	87.98	75	70.39	23.40	47 29	42.93	45.05	3.36	2.40
— 22	2080	1480	»	404	147.28	25.50	94.78	»	74 56	23.40	48 46	48.46	43.22	3.27	2.18
— 29	2080	1480	»	»	149.56	25.50	94.06	»	69.69	23.40	46.59	46.59	47.47	3.14	2.28
Août 5	2080	1480	»	»	145.58	25.50	90.08	»	67.64	23.40	44.54	44.54	45 54	3.04	2.49
— 26	2080	1480	75	»	149.39	25.50	93.89	75	66.48	23.40	43 08	40.93	52.96	3.06	2.54
Septembre 2	2080	1480	»	»	147.40	25.50	94.60	»	71.67	22.40	48.57	48.57	43.03	3.28	2.06
— 9	2080	1480	»	208	143.40	25.50	87.60	»	71.47	23.40	48.07	48.07	39.53	3.24	2.44
— 23	2080	1480	»	208	145.48	25.50	89.68	»	67.42	23 40	44.32	44.32	45 36	2.98	2.42
— 30	2080	1480	»	»	149.24	25.50	93.64	»	67.23	23.40	44.13	44.13	49.42	3.04	2.38
Octobre 7	2080	1480	»	»	123.49	25 50	97.69	»	74.90	23.40	48.80	48.80	48.89	3.29	2.35
— 24	2080	1480	»	»	145.69	25.50	90.49	»	68.57	23.40	45.47	45.47	44.72	3 07	2.45
— 28	2080	1480	75	»	147.29	25.50	94.79	75	72.40	23.40	49. »	49. »	42.79	3 48	2.05
Novembre 11	2080	1480	»	»	122.67	25.50	97.47	»	73.97	23.40	50.87	50.87	46 30	3.43	2.22
— 18	2080	1480	75	»	146.58	25.50	94.48	75	68.36	23.40	45.26	45.26	45.82	3.22	2.20
Décembre 2	2080	1480	»	»	147.52	25.50	92.02	»	72.79	23.10	49.69	49.69	42.33	3.35	2.03
— 16	2080	1480	75	»	140.59	25.50	85.09	»	68.69	23.40	45.59	43.34	44.78	3.08	2.04
— 23	2080	1480	225	»	109.79	25.50	84.29	225	58.34	23.40	35.24	35.24	49.08	2.80	2.36
— 30	2080	1480	75	»	144. »	25.50	88.50	»	69.76	23.40	46.66	44.33	44.47	3.45	2.42
Moyennes...												45.67	45.35	3.24	2.24

TABLEAU **D.** — Filature au sec

DATES.	NOMBRE total de broches en marche.	MOMBRE PARTIEL DE BROCHES EN MARCHE, SUIVANT NUMÉRO							FORCE de la filature au sec. Essais N° 2.
		LIN.		ÉTOUPE.					
		16	20	6	8	10	12	14	
1871. Juin 3	1480	»	936	204	204	»	»	136	52.03
— — 10	1330	»	854	136	340	»	»	»	45.47
— Juillet 8	1405	864	»	204	340	»	»	»	47.29
— — 22	1480	936	»	272	272	»	»	»	48.46
— — 29	1480	»	936	204	»	340	»	»	46.59
— Août 5	1480	936	»	204	»	204	136	»	44.54
— — 26	1405	936	»	136	»	323	»	»	43.08
— Septembre 2	1480	»	744	»	»	340	284	»	48.57
— — 9	1480	»	744	136	68	»	562	»	48.08
— — 23	1480	»	788	136	272	»	284	»	44.32
— — 30	1480	»	788	136	272	68	246	»	44.59
— Octobre 7	1480	»	788	136	»	340	216	»	49.74
— — 21	1480	»	640	136	340	364	»	»	45.47
— — 28	1480	»	640	136	340	364	»	»	49.00
— Novembre 11	1480	»	640	136	272	432	»	»	50.87
— — 18	1480	»	400	»	340	426	314	»	45.26
— Décembre 2	1480	»	400	»	272	420	448	240	49.69
— — 16	1405	»	325	»	544	»	»	536	43.34
— — 23	1255	»	234	»	554	»	470	»	35.24
— — 30	1480	»	400	»	272	»	808	»	44.33
		3669	10197	2312	4699	3631	3438	912	925.90

TABLEAU **E.** — Filature au mouillé.

DATES.	NOMBRE de broches total en marche.	NOMBRE PARTIEL DE BROCHES EN MARCHE, SUIVANT NUMÉRO — LIN. 25	LIN. 28	LIN. 30	ÉTOUPE. 16	ÉTOUPE. 25	ÉTOUPE. 30	FORCE de la filature au mouillé.	FORCE ABSORBÉE par 400 broches pour filer au mouillé les Nˢ — 25	28	30	16
1871. Juin 3.......	1872	1036	436	»	»	200	200	40.52	»	»	»	»
— — 10........	1872	1672	»	»	»	200	200	47.65	2.34	»	»	3.20
— Juillet 8.......	1872	»	»	1472	400	»	»	45.05	»	»	»	3.20
— — 22.......	1976	1876	»	»	100	»	»	43.22	2.43	»	»	3.20
— — 29.......	2080	1880	»	»	200	»	»	47.47	2.48	»	»	»
— Août 5.......	2080	»	»	1880	200	»	»	45.54	»	»	2.08	»
— — 26.......	2080	1680	»	200	»	200	»	52.96	»	»	»	»
— Septembre 2...	2080	1880	»	»	»	»	»	43.03	2.29	»	»	»
— — 9...	1872	1872	»	»	»	»	»	39.53	2.44	»	»	»
— — 23...	1872	1872	»	»	»	»	»	45.36	2.42	»	»	»
— — 30...	2080	»	»	1980	»	400	»	49.42	»	»	2.37	»
— Octobre 7.....	2080	»	»	1980	»	100	»	49.58	»	»	2.39	»
— — 21.....	2080	»	»	2080	»	»	»	44.72	»	»	2.45	»
— — 28...	2080	»	»	2080	»	»	»	42.79	»	»	2.05	»
— Novembre 11..	2080	»	»	2080	»	»	»	46.30	»	»	2.22	»
— — 18..	2080	»	2080	»	»	»	»	45.82	»	2.20	»	»
— Décembre 9...	2080	»	»	2080	»	»	»	42.33	»	»	2.03	»
— — 16...	2080	»	2080	»	»	»	»	44.78	»	2.04	»	»
— — 23...	2080	»	2080	»	»	»	»	50.04	»	2.36	»	»
— — 30...	2080	»	»	2080	»	»	»	44.17	»	»	2.42	»
		13768	6676	17942	900	800	400	906.95				
Moyennes......								45.35	2.24	2.49	2.47	3.20

TABLEAU **F.**

DATES.	NOMBRE de broches, filature au mouillé.	FORCE de la filature au mouillé et partie des transmissions.	FORCE des parties de transmissions.	FORCE de la filature au mouillé.	NOMBRE de chevaux par 100 broches au mouillé.
1872. Janvier 23......	2080	58.54	23.40	35.44	1.70
— Février 3	2080	60.95	23.40	37.85	1.82
— — 10.. ...	2080	56.48	23.40	33.08	1.59
— — 17......	2080	60.85	23.40	37.75	1.81
— — 24.....	2080	60.38	23.40	37.28	1.79
— Mars 9.........	2080	57.33	23.40	34.23	1.64
— — 16.........	2080	58.29	23.40	35. 9	1.69
Moyenne...........				35.82	1.72

TABLEAU **G.** — Filature au mouillé.

DATES.	NOMBRE de broches en marche.	NOMBRE PARTIEL de broches en marche suivant numéro — LIN.			FORCE de la filature au mouillé.
		40	45	70	
1872. Janvier 27.....	2080	1000	872	208	35.44
— Février 3.. ..	2080	1000	640	440	37.85
— — 10......	2080	1000	640	440	33.08
— — 17......	2080	1000	640	440	37.75
— — 24......	2080	1000	640	440	37.28
— Mars 9..	2080	1000	640	440	34.23
— — 16	2080	1000	640	440	35.49
		7000	4712	2848	250.79
Moyenne.........					35.82

Persuadé, d'après ces premiers résultats que la force nécessaire à la marche de 100 broches de filature devait varier beaucoup suivant le Nº fabriqué, j'ai continué les recherches par la même méthode.

Le tableau C' est établi suivant les conditions du tableau C,

Les chiffres de la colonne donnant le nombre de chevaux-vapeur par 100 broches, pour la filature au sec, nous montrent que la moyenne des cinq premiers essais donne un chiffre de 3 ch. vap. 124, inférieur à la moyenne du tableau C qui donnait 3 ch. vap. 24. Nous trouvons l'explication de cette différence dans les tableaux D et D'. On voit en effet, que la filature au sec pendant les mois de mai et de septembre fabriquait des Nᵒˢ d'étoupes 10 et 12 plus fins que la moyenne des Nᵒˢ d'étoupes fabriqués pendant les expériences inscrites au tableau C.

Si nous faisons la moyenne des cinq derniers essais du tableau C' nous obtenons le chiffre de 3 ch. vap. 782 beaucoup plus élevé que le chiffre de 3 ch. vap. 24. L'inspection du tableau D' nous indique que toutes les broches en marche de la filature au sec filaient du Nº 12 étoupes.

Dans le tableau C'' la force de la filature au mouillé au lieu d'être obtenue par différence comme dans les tableaux C.C' est calculée directement et c'est au contraire la force de la filature au sec qui se déduit par différence.

Les réflexions que nous venons de faire sur la différence des Nᵒˢ de fils fabriqués s'appliqueraient à la moyenne indiquée par ce tableau qui est de 3 ch. vap. 04.

Pour la filature au mouillé, les tableaux C' C'' donnent pour moyenne de la force nécessaire au fonctionnement de 100 broches de filature les chiffres de 2.04 et 1.90 bien différents du chiffre 2,24 donné par le tableau C.

Le tableau E' qui donne pour ces divers essais la répartition des broches par Nᵒˢ indique que la grande partie de notre production était pendant ce laps de temps du nº 40 et non du 25 et 30 qui nous a donné le chiffre du tableau C.

Tous ces renseignements établissent avec une concordance remarquable que la force absorbée par le filage d'un Nº de fil diminue quand le nº augmente. Nous allons chercher maintenant s'il est possible de trouver une loi générale exprimant cette variation de force.

TABLEAU **C'**.

DATES.	Nombre de broches, filature au mouillé.	Nombre de broches, filature au sec.	Nombre de broches arrêtées au sec. Essais N° 1.	Nombre de broches arrêtées au mouillé. Essais N° 1.	E_1 Force des deux filatures et partie des transmissions Essais N° 1.	T_1 Force des parties de transmissions dans les Essais N° 1	Force des deux filatures sans transmission.	Nombre de broches arrêtées au sec. Essais N° 2.	E_2 Force de la filature au sec et partie des transmissions Essais N° 2.	T_2 Force des parties de transmissions dans les Essais N° 2.	S_2 Force de la filature au sec. Essais N° 2.	S_1 Force de la filature au sec dans les conditions des Essais N° 1.	M_1 Force de la filature au mouillé, déduite par différence.	Nombre de chevaux par 100 broches au sec.	Nombre de chevaux par 100 broches au mouillé.
1872. 11 Mai	2080	4480	»	»	117.38	25.50	91.88	»	69 05	23.40	45.95	45.95	45.93	3.10	2.21
— 18 —	2080	4480	450	»	108.94	25.50	83.44	450	63.20	23.40	40.10	40.10	43.34	3.06	2.08
— 7 Septembre. . .	2080	4480	300	»	102.99	25.50	77.49	300	58.98	23.40	35.83	35.88	44.61	3.04	2. »
— 21 — . . .	2080	4480	300	»	100.06	25.50	74.56	300	62.45	23.40	39.05	39.05	35.51	3.30	1.70
— 9 Novembre. . .	2080	4480	450	104	98.07	25.50	72.57	450	55.23	23.40	32.43	32.13	40.44	3.42	2.04
— 16 — . . .	2080	4480	375	208	111.47	25.50	85.67	375	66. »	23.40	42.90	42.90	42.77	3.81	2.28
— 23 — . . .	2080	4480	375	208	108.30	25.50	82.80	450	64.59	23.40	44.49	43.34	39.46	3.85	2.11
— 14 Décembre. . .	2080	4480	300	312	104.86	25.50	79.36	300	68.41	23.40	45.01	45.01	34.35	3.81	1.94
— 21 — . . .	2080	4480	375	208	104.25	25.50	78.75	375	63.53	23.40	40.43	40.43	38.32	3.59	2.04
— 31 — . . .	2080	4480	300	208	108.74	25.50	83.21	300	68.58	23.40	45.48	45.48	37.73	3 85	2.04
Moyenne...											44.02		39.94	3.45	2.04

TABLEAU C''.

DATES.	Nombre de broches, filature au mouillé.	Nombre de broches, filature au sec.	Nombre de broches arrêtées ou séc. Essais N° 1.	Nombre de broches arrêtées au mouillé. Essais N° 1.	E_1 Force des deux filatures et partie des transmissions Essais N° 1.	T_1 Force des parties de transmissions dans les Essais N° 1.	Force des deux filatures sans transmission.	Nombre de broches arrêtées au mouillé. Essais N° 2.	E_2 Force de la filature au mouillé et partie des transmissions Essais N° 2.	T_2 Force des parties de transmissions dans les Essais N° 2.	M_2 Force de la filature au mouillé. Essais N° 2.	M_1 Force de la filature au mouillé dans les conditions des Essais N° 1.	S_1 Force de la filature au sec, déduite par différence.	Nombre de chevaux par 100 broches au sec.	Nombre de chevaux par 100 broches au mouillé.
1873. Juin 4.	2080	1480	»	»	103.69	25.50	78.49	»	60.39	23.40	37.29	37.29	40.90	2.76	1.79
— — 22.	2080	1480	300	208	92.94	25.50	67.44	208	60.85	23.40	37.75	37.75	29.66	2.54	2.01
— Juillet 13.	2080	1480	450	1248	89.44	25.50	63.94	832	51.73	23.40	28.63	19.08	44.83	3.36	2.29
— — 20. . . .	2080	1480	225	208	88.95	25.50	63.45	208	54.24	23.40	28.44	28.44	35.34	2.84	1.50
— — 27. . . .	2080	1480	»	208	96.94	25.50	71.44	208	52.89	23.40	29.79	29.79	44.62	2.84	1.59
— Août 10. . . , . .	2080	1480	300	»	104.15	25.50	78.65	208	59.92	23.40	36.82	40.91	37.74	3.49	1.96
— Octobre 5.	2080	1480	450	»	94.99	25.50	66.49	»	60.39	23.40	37.29	37.29	29.20	2.83	1.79
— — 12. . . .	2080	1480	450	104	92.92	25.50	67.42	104	62.48	23.40	39.38	39.38	28.04	2.72	1.99
— — 19	2080	1480	375	208	101.82	25.50	76.32	104	65.76	23.40	42.66	40.44	35.94	3.24	2.45
— Novembre 30. . .	2080	1480	300	416	94.55	25.50	69.05	208	64.37	23.40	44.27	36.68	32.37	2.74	1.95
— Décembre 9 . . .	2080	1480	300	416	94.48	25.50	79.42	416	59.44	23.40	36.84	36.34	42.78	3.64	2.48
1873. Janvier 11.	2080	1480	225	104	108.48	25.50	82.98	»	66.93	23.40	43.83	41.62	41.36	3.29	2. »
— — 18. . . .	2080	1480	300	312	98.08	25.50	72.58	104	55.46	23.40	32.36	28.95	43.63	3.69	1.56
Moyenne.											34.89	37.48		3.04	1.90

TABLEAU D'. — Filature au sec.

DATES.	NOMBRE total de broches en marche.	NOMBRE PARTIEL DE BROCHES EN MARCHE, SUIVANT NUMÉRO										FORCE de la filature au sec.
		LIN.				ÉTOUPE.						
		16	18	20	22	6	8	10	12	14	16	
1872. 11 mai.........	1480	»	»	666	»	148	»	»	»	666	»	45.95
— 18 —	1332	370	»	»	»	148	»	»	»	888	»	40.10
— 1er juin	1480	»	»	370	»	74	»	»	666	370	»	40.90
— 22 —	1184	»	»	444	»	»	»	»	518	222	»	29.66
— 13 juillet........	1332	»	74	»	»	»	»	296	592	370	»	44.83
— 20 —	1258	»	»	»	»	»	»	740	222	296	»	35.34
— 27 —	1480	»	370	»	»	»	»	740	»	370	»	44.62
— 10 août.	1184	518	»	»	»	»	»	666	»	»	»	37.74
— 7 septembre....	1184	»	»	592	»	»	»	444	148	»	»	41.64
— 21 —	1184	»	592	»	»	»	»	74	518	»	»	35.54
— 5 octobre	1036	»	»	518	»	»	»	»	518	»	»	29.20
— 12 —	1036	»	»	518	»	»	»	»	518	»	»	28.04
— 19 —	1105	»	»	518	»	»	»	»	587	»	»	35.94
— 9 novembre	1275	»	»	450	»	»	»	»	825	»	»	39. »
— 16 —	1125	»	225	300	»	»	»	»	600	»	»	42.90
— 23 —	1125	»	375	»	»	»	»	»	750	»	»	41.49
— 30 —	1184	»	444	»	»	»	»	»	740	»	»	32.37
— 7 décembre....	1184	»	»	»	»	»	»	»	1184	»	»	42.78
— 14 —	1184	»	»	»	»	»	»	»	1184	»	»	45.04
— 21 —	1140	»	»	»	»	»	»	»	1110	»	»	38.32
— 31 —	1184	»	»	»	»	»	»	»	1184	»	»	45.48
1873. 11 janvier.......	1184	»	»	»	»	»	»	»	1184	»	»	44.36
— 18 —	1184	»	»	»	»	»	»	»	1184	»	»	43.63
Totaux..		888	2080	4376	»	370	»	2960	14232	3182	»	901.72

TABLEAU E'. — Filature au mouillé.

DATES.	Nombre total de broches en marche.	NOMBRE PARTIEL DE BROCHES EN MARCHE SUIVANT NUMÉRO.											FORCE de la filature au mouillé.	FORCE ABSORBÉE par 100 broches pour filer au mouillé les Nos					Observations.
		LIN.										Étoupe.							
		22	25	28	30	35	40	45	50	60	70	20		25	30	35	40	20 Étoupe.	
1872. 11 mai....	2080	»	1664	»	»	»	»	»	416	»	»	»	45.93	2.32	»	»	»	»	
— 18 —	1872	»	1872	»	»	»	»	»	»	»	»	»	43.34	2.34	»	»	»	»	
— 1er juin....	2080	»	»	»	»	»	2080	»	»	»	»	»	37.29	»	»	»	1.79	»	
— 22 — ...	1872	»	»	»	»	»	1872	»	»	»	»	»	37.75	»	»	»	2.04	»	
— 13 juillet..	832	»	832	»	»	»	»	»	»	»	»	»	19.08	2.29	»	»	»	»	
— 20 — ..	1872	»	»	»	»	»	1872	»	»	»	»	»	28.14	»	»	»	1.50	»	
— 27 — ..	1872	»	»	»	»	»	1872	»	»	»	»	»	29.79	»	»	»	1.59	»	
— 10 août ..	2080	»	»	»	»	1872	»	»	»	»	»	208	40.94	»	»	»	»	»	
— 7 sept....	2080	»	»	»	728	1144	»	»	»	»	»	208	44.64	»	»	»	»	2.79	
— 24 — ..	2080	»	»	»	»	»	1872	»	»	»	»	208	35.54	»	»	»	1.60	2.75	
— 5 octobre.	2080	»	»	»	»	»	2080	»	»	»	»	»	37.29	»	»	»	1.79	»	
— 12 — ..	1976	»	»	»	»	»	1976	»	»	»	»	»	39.38	»	»	»	1.99	»	
— 19 — ..	1872	»	»	»	1768	»	»	»	»	»	»	104	40.44	»	2.48	»	»	2.75	Chiffre provenant de la moyenne ci-dessus.
— 9 novemb.	1976	»	»	»	»	»	1768	»	»	»	»	208	40.44	»	»	»	1.96	2.76	
— 16 — ..	1872	»	»	»	»	»	1664	»	»	»	»	208	42.77	»	»	»	2.28	2.76	
— 23 — ..	1872	»	»	»	»	»	1664	»	»	»	»	208	39.46	»	»	»	2.02	2.76	
— 30 — ..	1872	»	»	»	»	»	1664	»	»	»	»	208	41.27	»	»	»	2.42	2 76	
— 6 décemb.	1664	»	»	»	»	»	1664	»	»	»	»	»	36.34	»	»	»	2.48	»	
— 14 — ..	1768	»	»	»	1768	»	»	»	»	»	»	»	34.35	»	1.98	»	»	»	
— 24 — ..	1872	»	»	»	1872	»	»	»	»	»	»	»	38.32	»	2.04	»	»	»	
— 31 — ..	1872	»	»	»	1872	»	»	»	»	»	»	»	37.73	»	2.01	»	»	»	
1873. 11 janvier..	1976	»	»	»	»	»	1976	»	»	»	»	»	44.36	»	»	»	2.08	»	
— 18 — ..	1872	»	»	»	»	»	1872	»	»	»	»	»	36.15	»	»	»	1.93	»	
														2.30	2.05	»	1.947	2.76	Moyennes.
Totaux		»	4368	»	8008	3046	25896	»	416	»	»	1560	864.62						

LOI GÉNÉRALE DE LA VARIATION DE LA FORCE NÉCESSAIRE A LA MARCHE DE 100 BROCHES DE FILATURE SUIVANT LES DIVERS NUMÉROS DE FILS.

Les tableaux EE' résumant nos expériences dynamométriques sur la filature au mouillé contiennent un certain nombre d'essais pendant lesquels toute la filature travaillait le même N° de fils. Nous avons donc déduit facilement le nombre de chevaux-vapeur nécessaires à la marche de 100 broches pour filer ce N°. Etablissant la moyenne par N° de ces résultats et les transportant dans les expériences où le nombre des N°s de fils fabriqués n'est pas trop considérable, nous obtenons par une série approximative les chiffres inscrits dans les dernières colonnes du tableau EE'.

Force approximative nécessaire à la marche de 100 broches pour filer au mouillé les

N°s 16	. . . . .	3 chev. vap.	200.
» 20	. . .	2 »	760.
» 25	. . . .	2 »	262.
» 28	. . . . .	2 »	190.
» 30	. . . . .	2 »	140.
» 40	. . . . .	1 »	917.

D'après notre système de filature, l'étirage sur nos métiers à filer variait peu, ayant pour habitude de changer la pesée du premier passage et de rectifier le poids de la mèche du banc à broche ; la torsion variait en général comme le double de la racine carrée du N°.

Ceci posé, si nous prenons les chiffres ci-dessus et que nous multiplions chacun par la racine carrée du N°, nous obtenons les résultats résumés dans le tableau suivant :

NUMÉRO du fil.	$\sqrt{\ }$ du numéro.	FORCE par 100 broches.	PRODUIT.
16	4	3.200	12.800
20	4.472	2.760	12.343
25	5	2.262	11.313
28	5.292	2.190	11.590
30	5.474	2.140	11.707
40	6.325	1.917	12.125

On remarque que les deux N°ˢ de fils 30 et 40 pour lesquels nous avons eu justement le plus grand nombre d'essais particuliers, donne des produits bien près de 12 et que pour les autres N°ˢ dont la valeur de la force nous est moins bien connu, le produit décrit dans la dernière colonne s'écarte peu de 12, chiffre constant.

Nous admettrons donc comme une loi générale que nous allons du reste démontrer :

Le produit de la force nécessaire à la marche de 100 broches de métiers à filer, par la racine carrée du N° est constant.

Si donc nous appelons :

y la force inconnue.

x le numéro du fil.

c la constante.

x et y sont liés entre eux par la relation :

$$y \sqrt{x} = c$$

$$\text{ou} \quad x\, y^2 = c^2.$$

Avant de discuter cette équation qui représente une courbe du 3ᵉ degré, nous allons chercher s'il ne serait pas possible de démontrer expérimentalement l'exactitude absolue de cette relation pratique.

PREMIÈRE VÉRIFICATION DE LA LOI PAR DES ESSAIS DYNAMOMÉTRIQUES SUR LES
N°ˢ 40, 45, 70.

Le tableau G nous a donné la force de notre filature au mouillé pour les N°ˢ 40, 45, 70 ; calculons séparément la force absorbée par le nombre de broches de chaque N° d'après la loi et nous verrons si leur somme reproduit la force totale indiquée par les essais dynamométriques.

Le tableau suivant résume les calculs et les résultats :

Tableau **G**.

NUMÉRO du fil.	NOMBRE de broches.	$\sqrt{N^o}$	FORCE.
40	7000	6.325	$\dfrac{7000}{6.325}$ C $=$ 11.06 C.
45	4712	6.708	$\dfrac{4712}{6.708}$ C $=$ 7.02 C.
70	2848	8.366	$\dfrac{2848}{8.366}$ C $=$ 3.40 C.
			21.48 C.

Prenons pour constante C $=$ 12, l'expression de la force totale devient :

$$21,48 \ C \ = \ 257^{\text{chev. vap.}} 76.$$

La somme des essais de l'indicateur de Watt du tableau G est de 250 [ch. vap.] 79 : la différence entre les deux résultats est donc de 6 [ch. vap.] 97, soit 2.70 0/0.

Je ferai remarquer toutefois que l'écart doit être beaucoup plus faible que ce chiffre ne paraît l'indiquer, car pour filer le N° 70 sur les métiers de 2 p[es] 1/2, j'étais obligé de changer les pressions des étireurs, diminuer les bobinots, les plombs des cordes à broches ; la constante C devait donc varier sans que je pusse préciser de quelle quantité.

DEUXIÈME VÉRIFICATION DE LA LOI PAR LES ESSAIS DYNAMOMÉTRIQUES SUR LES N°s 40 ET 50.

Par suite d'un accident arrivé à la filature au sec, j'ai pu faire marcher seule la filature au mouillé. Le tableau M donne les résultats et les détails de ces 15 essais exécutés comme d'habitude sur le matériel dans son état de marche.

TABLEAU M. — Essais sur la filature au mouillé.

DATES..	NOMBRE de broches en marche en Nᵒˢ		TOTAL des broches.	FORCE de la transmission à 1 heure.	FORCE TOTALE de l'essai.	FORCE de la filature au mouillé.	FORCE par 100 broches.	OBSERVATIONS.
	40 2 p. 3/4.	50 2 p 1/2.						
Vendredi 7 février 1873, 11 h. 1/2..	1000	880	1880	25.50	60.85	35.35	1.880	
— — 3 1/2..	1200	880	2080	25.50	66.11	40.61	1.952	1.9556
— — 5 » ..	1200	880	2080	25.50	67.84	42.34	2.035	Température — 6° extérieur.
— — 1 » ..	»	»	»	25.50	»	»	»	
Samedi 8 février, 10 h. 1/2..	1200	880	2080	26.24	62.79	36.58	1.758	
— — 12 » ..	1200	880	2080	26.24	62.26	35.85	1.723	
— — 3 1/2..	1200	880	2080	26.24	64.43	37.92	1.823	1.7762.
— — 5 » ..	1200	880	2080	26.24	63.69	37.48	1.804	Température + 2° extérieur.
— — 1 » ..	»	»	»	26.24	»	»	»	
Lundi 10 février, 12 h. » ..	1200	880	2080	25.34	63.42	38.08	1.830	
— — 11 » ..	1200	880	2080	25.34	64.54	39.20	1.885	
— — 3 1/2..	1100	880	1980	25.34	64.79	36.45	1.840	1.8295.
— — 5 » ..	1100	880	1980	25.34	60.25	34.94	1.763	Température 0° extérieur.
— — 1 » ..	»	»	»	25.34	»	»	»	
Mardi 11 février, 11 h. » ..	1200	880	2080	23.63	60.47	36.84	1.771	
— — 12 1/2..	1200	880	2080	23.63	60.38	36.75	1.776	
— — 3 1/2..	1200	880	2080	23.63	60.86	37.23	1.785	1.7637.
— — 5 » ..	1200	880	2080	23.63	59.69	36.06	1.733	Température + 5° extérieur.
— — 1 » ..	»	»	»	23.63	»	»	»	
Totaux..	17600	13200	30800			561.65	27.355	
Moyennes..	1173	880	2053			37.44	1.823	

Le nombre de broches dans chaque N° a peu varié; la température intérieure seule a offert des différences notables.

Si nous examinons les moyennes de chaque journée nous trouvons:

Le 7 février un maximum de 1 $^{\text{ch. vap.}}$ 9556

Le 11 » un maximum de 1   7637

Présentant une différence de 0 $^{\text{ch. vap.}}$ 1919 ou 9.81 p. 100.

Nous ne connaissons pas la force nécessaire au filage du n° 50, mais nous pouvons chercher à appliquer la loi générale de la $\sqrt{\text{n}^o}$.

Nous obtenons :

NUMÉRO du fil.	NOMBRE de broches.	$\sqrt{\text{N}^o}$	FORCE.
40	17600	6.325	$\dfrac{17600}{632.5} = 27.82$ C.
50	13200	7.071	$\dfrac{13200}{707.1} = 18.66$ C.
			46.48 C.

ou pour C = 12.

$$46,48 \times 12 = 557^{\text{ch. vap.}} 76.$$

La somme des forces indiquées au dynamomètre étant de 561 $^{\text{ch. vap.}}$ 65, la différence est de 3 $^{\text{ch. vap.}}$ 89 ou 0,692 p. 100, c'est-à-dire moins de 1 p. 100.

TROISIÈME VÉRIFICATION DE LA LOI PAR LES ESSAIS GÉNÉRAUX DE LA FILATURE AU
MOUILLÉ.

Les tableaux C C' C'', nous donnent la force totale de notre filature au mouillé , résultat de 43 essais , et produisant divers N^{os} de fils , dont la répartition nous est donnée par les tableaux E. E'.

Opérons sur ces tableaux les calculs que nous venons de faire sur les autres essais.

Nous aurons :

NUMÉRO du fil.	NOMBRE de broches.	$\sqrt{N^o}$	FORCE ABSORBÉE.
		Tableau E.	
25	13768	5.	$\dfrac{13768}{500}$ C = 27.53 C.
28	6676	5.292	$\dfrac{6676}{529.2}$ C = 12.61 C.
30	17912	5.477	$\dfrac{17912}{547.7}$ C = 32.71 C.
16	900	4.	$\dfrac{900}{400}$ C = 2.25 C.
25	800	5.	$\dfrac{800}{500}$ C = 1.60 C.
30	400	5.477	$\dfrac{400}{547.7}$ C = 0.73 C.
		Tableau E'.	
25	4368	5.	$\dfrac{4368}{500}$ C = 8.736 C.
30	8008	5.477	$\dfrac{8008}{547.7}$ C = 16.477 C.
35	3016	5.916	$\dfrac{3016}{591.6}$ C = 5.804 C.
40	25896	6.325	$\dfrac{25896}{632.5}$ C = 40.942 C.
50	416	7.071	$\dfrac{416}{707.1}$ C = 0.588 C.
			149.977 C.

prenant $\qquad$ $C = 12.$

nous obtenons : $\qquad$ $1799^{\text{ch. vap.}}70.$

L'addition des forces fournies par les tableaux C C' C'' donne un total de $1772^{\text{ch. vap.}}35.$

Nous avons donc entre les deux chiffres un écart de $27^{\text{ch. vap.}}35$ soit 1.52 p. $100.$

En calculant les forces nécessaires à notre filature au mouillé d'après la loi de la racine carrée du N°, nous commettons une erreur de 1.52 p. 100 sur une force totale de 1800 chevaux-vapeur environ.

Je crois que cette dernière preuve expérimentale établit complètement la démonstration de la loi.

APPLICATION DE LA LOI DE LA RACINE CARRÉE A LA FILATURE AU SEC.

La loi que nous venons de démontrer est évidemment générale et peut tout aussi bien s'appliquer à notre filature au sec qui travaillait dans les mêmes conditions que la filature au mouillé, c'est-à-dire :

1° Etirage à peu près constant.

2° Torsion proportionnelle au double de la $\sqrt{\ }$ n° ; les écarts à cette règle par suite des diverses qualités de la matière étaient minimes et se produisaient dans les deux sens, en augmentation ou en diminution.

3° La vitesse des broches constante.

Il m'a été impossible malheureusement de déterminer la constance de C par des essais particuliers sur la filature au sec, mais nous pourrons obtenir une vérification de la loi en nous servant des tableaux D et D'.

En effet, prenons le tableau D, calculons d'après la règle de la $\sqrt{\ }$ n°, la force nécessaire au nombre de broches de chaque n°, la somme de ces forces partielles étant égale à la valeur totale des essais à l'indicateur, nous pourrons déduire la valeur de C.

Nous obtenons donc ainsi :

NUMÉRO du fil.	$\sqrt{N^o}$	NOMBRE de broches.	FORCE ABSORBÉE.
16	4.	3669	$\dfrac{3669}{400}\,C = 9.15\ C.$
20	4.472	10197	$\dfrac{10197}{447.2}\,C = 22.80\ C.$
6	2.449	2312	$\dfrac{2312}{244.9}\,C = 9.44\ C.$
8	2.828	4699	$\dfrac{4699}{282.8}\,C = 16.61\ C.$
10	3.162	3631	$\dfrac{3631}{316.2}\,C = 11.48\ C.$
12	3.464	3438	$\dfrac{3438}{346.4}\,C = 9.92\ C.$
14	3.744	912	$\dfrac{912}{374.4}\,C = 2.43\ C.$
			81.83 C.

Nous avons donc d'après le tableau D.

$$81.83\ C = 925^{\text{ch. vap.}}\ 90$$

d'où
$$C = 11.314.$$

Opérons de même pour le tableau **D'**, qui nous donne le détail d'une fabrication tout-à-fait différente de celle du tableau D.

Nous avons :

NUMÉRO du fil.	$\sqrt{N^o}$	NOMBRE de broches.	FORCE ABSORBÉE par broche.
16	4.	888	$\dfrac{888}{400} = 2.22$ C.
18	4.242	2080	$\dfrac{2080}{424.2} = 4.90$ C.
20	4.472	4376	$\dfrac{4376}{447.2} = 9.79$ C.
6	2.449	370	$\dfrac{370}{244.9} = 1.51$ C.
10	3.162	2960	$\dfrac{2960}{316.2} = 9.36$ C.
12	3.464	14232	$\dfrac{14232}{346.4} = 41.08$ C.
14	3.741	3482	$\dfrac{3482}{374.1} = 8.50$ C.
			77.36 C.

Nous obtenons ainsi l'équation :

$$77,36 \ C = 901 \ ^{\text{ch. vap.}} 72.$$

d'où
$$C = 11\ 52.$$

Prenons pour constante de notre filature au sec la moyenne de ces 2 valeurs, nous avons :

$$C = 11.420.$$

Cette valeur de C sera évidemment très-approchée de la vérité puisqu'elle résulte de la moyenne générale de notre fabrication pendant deux ans.

Nons pouvons maintenant refaire les calculs des tableaux D et D' avec cette valeur de la constante et nous nous rendrons compte ainsi de l'erreur commise.

	FORCE TOTALE trouvée à l'indicateur.	FORCE CALCULÉE.	DIFFÉRENCE 0/0.
TABLEAU D....	925 chev. vap. 90	934 chev. vap. 50	1 %
TABLEAU D' ...	904 72	883 45	2 %

Approximation bien suffisante pour des essais pratiques.

J'avais eu la pensée de calculer la constante C à l'aide des essais sur le N° 12 étoupes que nous avons depuis le 7 décembre jusqu'au 18 janvier. Malheureusement tous ces chiffres sont obtenus pendant l'hiver et ne pouvant prendre la moyenne avec des essais analogues faits en été, je serais arrivé à une valeur trop forte pour C.

DISCUSSION SOMMAIRE DE LA COURBE $y \sqrt{x} = C.$ (1).

Adoptons des axes rectangulaires et portons sur l'axe des x, les numéros de fils ; sur l'axe des y, la force nécessaire à la marche de 100 broches de filature.

Nous pouvons écrire la formule (1).

$$y = \frac{C}{\pm \sqrt{x}}$$

On voit immédiatement que pour toute valeur positive de x, y aura deux valeurs égales et de signes contraires ; l'axe des x est donc un axe de symétrie.

Les valeurs négatives de x, donnent des valeurs de y imaginaires, toute la courbe se trouve ainsi à droite de l'axe des y.

Si nous faisons :

tendre x vers o y tend vers ∞ .
    x croissant y diminue.
    x tendant vers ∞ y tend vers o .

Les axes coordonnés sont donc des asymptotes , et la courbe a la forme suivante :

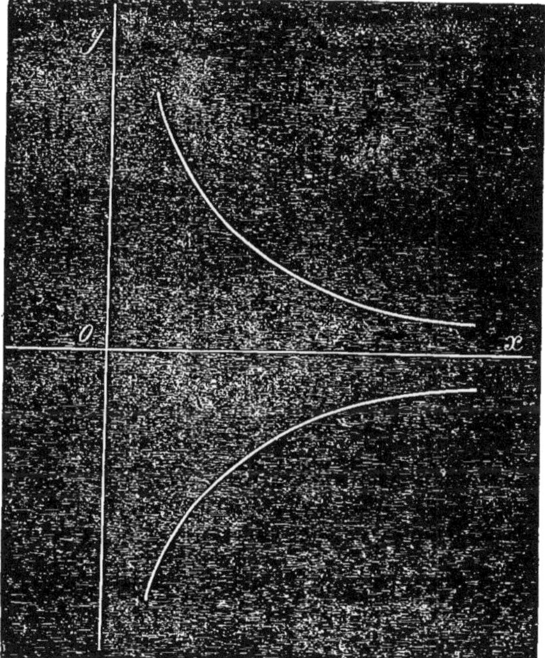

Nous connaîtrons en étudiant les métiers à filer lorsqu'ils fonctionnent à vide , la force qui leur est nécessaire pour ne produire aucun travail utile; et si nous supposons que l'état de graissage et d'entretien ordinaire soit sensiblement constant, ou prenant pour base la moyenne de l'année, nous pourrons décomposer la force nécessaire à la marche de 100 broches pour filer un numéro quelconque x, en deux parties : la première **R** représente la force nécessaire à la marche de 100 broches à vide , la seconde y la force nécessaire au travail de la matière.

Transportons donc dans l'équation (1) cette nouvelle valeur de :

$$y = R + y'$$

Nous obtenons :

$$(R + y')^2 \, x = C^2 \qquad (2).$$

Mais nous pouvons faire disparaître la constante R. en prenant pour nouvel axe des x, la droite $y = R$, et notre équation se trouvera ramenée à la forme primitive,

$$x \, y^2 = C^2.$$

La force absorbée par des métiers à vide n'a donc aucune influence sur les formes de la courbe.

Je ferai une dernière remarque géométrique sur cette courbe.

Le coefficient angulaire de la tangente en un point quelconque est donné par la formule :

$$- \frac{f'_x \, (x \, y)}{f'_y \, (x \, y)} = - \frac{y}{2 \, x}.$$

La construction de la tangente serait donc bien facile , puisque la sous-tangente est égale au double de l'abscisse.

CALCUL DE LA FORCE TOTALE ABSORBÉE PAR LE MATÉRIEL EN TRAVAIL ORDINAIRE.

Nous pouvons maintenant nous rendre compte de la force totale nécessaire à la mise en travail de nos machines , comprenant : machines à vapeur , transmissions , machines de préparations et de filature , etc.

Le livre du travail des machines à vapeur nous donne les moyennes mensuelles des essais journaliers ; en y ajoutant d'après les chiffres indiqués ci-dessus la moyenne mensuelle des métiers arrêtés , nous aurons la force totale pour chaque mois.

Le tableau H nous donne ces relevés du 1er juillet au 1871 au 1er mars 1872, c'est-à-dire pendant 8 mois ou 200 jours de travail.

La moyenne 148 chevaux-vapeur 36 représente la force totale absorbée par notre matériel en travail dans les conditions ordinaires et variables de production et d'entretien.

Nous avons un contrôle immédiat de ce chiffre ; en effet, les expériences directes que nous venons de décrire nous ont permis d'obtenir avec une assez grande approximation, la force nécessaire au travail de chaque machine en particulier, nous pouvons donc obtenir ainsi en dehors de nos essais journaliers une nouvelle valeur de notre force totale.

Le tableau I qui représente ce calcul nous donne par ce nouveau procédé une force totale de 151 chevaux-vapeur.

La différence des deux chiffres est de 151 chevaux-vapeur à 148 chevaux-vapeur 36 = 2 chevaux-vapeur 64 soit 1-74 0/0.

Approximation très-suffisante et qui aurait été encore bien diminuée si dans les expériences directes sur chaque machine, j'avais établi les moyennes sur un plus grand nombre de résultats.

TABLEAU I.

Calcul de la force totale absorbée par le matériel en travail.

DATES.	MOYENNE mensuelle donnée par le livre des machines.	FORCE des moyennes mensuelles des machines arrêtées au moment des essais journaliers calculée d'après les expériences directes.	TOTAL.
Juillet 1871.......	132.37	15.48	147.85
Août —	130.61	15.46	146.07
Septembre —	135.12	18 55	153.67
Octobre —	136.26	15.14	151.40
Novembre —	135.06	15.89	150.95
Décembre —	132.15	20.01	152.16
Janvier 1872.......	125.16	17.58	142.74
Février —	123.13	18.92	142.05
Moyenne...........			148.36

Tableau I.

Résultats d'expériences faites sur nos diverses machines avec l'Indicateur de Watt. — Calcul de la force employée par chaque machine. — Résultats d'expériences directes.

	FORCE des unités.	
Transmissions et machines..	»	30.44
4 cardes (3 cardes 4/5 et 1 carde 5/6).............................	2.105	8.42
14 étirages ou 156 rubans......................par étirage.	».464	7.19
4 peigneuses...	».555	2.22
6 bancs à broches, soit 330 broches..............les 400 br.	2.627	7.78
8 métiers au sec, 3 pces 3/4, à 68 br. = 544 br. ⎫		
8 — 3 — 1/4, à 80 — = 640 — ⎬ 1480 br. Id...	3.21	47.50
4 — 3 — 1/2, à 74 — = 296 — ⎭		
12 métiers au mllé, 2 pces 3/4, à 100— =1200 — ⎱ 2080 br. Id...	2.24	46.59
8 — 2 — 1/2, à 110— = 880 — ⎰		
		151. »

Tableau I'.

Résultats d'expériences faites sur nos diverses machines avec l'Indicateur de Watt. — Calcul de la force employée par chaque machine. — Résultats d'expériences directes.

	FORCE des unités.	
Transmissions et machines..	»	30.44
4 cardes (3 cardes 4/5 et 1 carde 5/6).............................	2.105	8.42
14 étirages ou 156 rubans......................par étirage.	».464	7.19
4 peigneuses...	».555	2.22
6 bancs à broches, soit 330 broches..............les 400 br.	2.627	8.67
8 métiers au sec, 3 pces 3/4, à 68 br. = 544 br. ⎫		
8 — 3 — 1/4, à 80 — = 640 — ⎬ 1480 br. Id...	3.24	47.95
4 — 3 — 1/2, à 74 — = 296 — ⎭		
12 métiers au mllé, 2 pces 3/4, à 100— =1200 — ⎱ 2080 br. Id...	1.97	40.97
8 — 2 — 1/2, à 110— = 880 — ⎰		
		145.83

TABLEAU **H'**.

DATES.		MOYENNE mensuelle donnée par le livre des machines.	FORCE des moyennes mensuelles des machines arrêtées au moment des essais journaliers calculée d'après les expériences directes.	TOTAL.
Mars	1872........	116.16	24.318	140.478
Avril	»	120.63	25.155	145.785
Mai	»	124.67	23.787	148.457
Juin	»	118.82	26.446	145.266
Juillet	»	105. »	36.269	141.269
Août	»	107.80	34.635	142.435
Septembre	»	110.36	33.175	143.535
Octobre	»	111.48	38.322	149.802
Novembre	»	115.71	36.170	151.880
Décembre	»	112.92	36.355	149.275
Moyenne......... ...				148.518

Nous pouvons ainsi établir la force moyenne totale de notre matériel du mois de mars au mois de décembre 1872. J'ai séparé cette période de la précédente par suite de la différence dans la fabrication. On voit en effet, que si la moyenne de la force de 100 broches de filature au sec, d'après les tableaux C' C'' reste bien de 3 ch. vap. 24, pour la filature au mouillé, les n^os plus fins que nous avons filé pendant ce laps de temps ont fait descendre la force à 1 ch. vap. 97.

Les tableaux H' et I' classés comme les premiers H et I nous donnent les résultats.

La moyenne de la force totale indiquée par nos essais journaliers est de 148 ch. vap. 518 pour tout notre matériel ; la force calculée d'après les expériences particulières sur les machines est de 145 ch. vap. 830 , la différence de 2 ch. vap. 688 représente 1 , 13 0/0.

Si nous faisons la moyenne des résultats des tableaux H, I, H', I' nous arriverons au chiffre que nous cherchons.

La moyenne de 18 mois d'essais journaliers nous prouve que notre filature, toutes les machines en marche, demanderait pour

fonctionner dans les conditions ordinaires de la pratique indus-
trielle, une force de 148ch. vap, *42 indiqués, ou en nombre rond,*
150 ch. vap *indiqués.*

NOMBRE DE BROCHES CONDUITES PAR UN CHEVAL-VAPEUR , PRÉPARATIONS COMPRISES.

On a souvent l'habitude dans l'évaluation de la force nécessaire au fonctionnement d'une filature, d'indiquer le nombre de broches que peut conduire un cheval-vapeur , en comprenant dans la force totale , toutes les machines de préparations , machines accessoires , transmissions , machines à vapeur.

Le guide Roret prétendait qu'un cheval-vapeur pouvait suffir à la marche de 100 broches de métier à filer le lin.

M. Michel Alcan , dans son essai sur les matières textiles, publié il est vrai, en 1847, admet qu'un cheval-vapeur peut conduire 80 broches.

Ces renseignements ne sont plus exacts.

Nous avons en effet démontré que si sur le même matériel on file du N° 16 lin mouillé la force nécessaire à 100 broches de filature est égale à 3 ch. vap., pour l'opération du filage seulement , soit donc 33 broches par cheval-vapeur.

Si au contraire on fabrique du N° 70 lin la force nécessaire n'est plus que de 1 ch. vap. 697 soit 59 broches par cheval-vapeur.

Pour une seule opération il y a donc une différence de 1 ch. vap. 303 , soit 43.43 0/0.

Il est bien évident du reste que si à la force nécessitée par la filature on ajoutait la force absorbée par les préparations ou autres machines le nombre de broches par cheval que nous venons d'indiquer diminuerait considérablement.

M. Féray d'Essonne , en 1860 , dans sa déposition devant la commission d'enquête du traité de commerce indiquait que pour sa filature le résultat de nombreuses expériences lui donnait :

55 broches par cheval vapeur pour du N° 40.

20   »   »   »   pour du N° 6.

M. le docteur Hartig cite dans son travail sur l'industrie linière , une estimation d'origine anglaise donnant, tout compris, 25 broches par force de cheval pour des filatures de 2000 à 12000 broches, fabriquant comme No moyen le 35 long brin et le 18 étoupes.

De ses essais pàrticuliers il tire la conclusion qu'avec un assortiment d'un constructeur de Leeds filant :

$$\text{Long brin} \ldots \ldots \quad N^o \ 35 \ à \ 51.$$

$$\text{Étoupes} \ldots \ldots \quad N^o \ 16 \ à \ 29.$$

on peut conduire 40 broches par cheval-vapeur.

Avec l'assortiment d'un constructeur de Belfast , fabriquant en moyenne :

$$\text{Long brin} \ldots \ldots \quad N^o \ 25 \ à \ 30.$$

$$\text{Étoupes} \ldots \ldots \quad N^o \ 14 \ à \ 23.$$

un cheval-vapeur pourrait suffire pour 26 broches en moyenne.

Pour me conformer à cet usage de la répartition des forces , j'ai établi la force absorbée par nos 3 séries qui présente des genres de filature bien distincts.

Notre force totale indiquée s'élève en nombre rond à 150 ch. vap. qui se décomposent de la manière suivante :

Machines à vapeur, transmissions et courroies. . . . 30 ch. vap.

Préparations , métiers à filer, machines diverses. . . . 120

La filature au mouillé contient 2080 broches , la force qu'elle emploie d'après les chiffres indiqués serait :

Table et étirages . . . . . . 3 ch. vap. 50

Banc à broches. 4 05

Métiers à filer 40 10

————————— 47 ch. vap. 65

Les 640 broches de filature au lin sec, avec leurs machines de préparations, prennent une force de :

<pre>
Table et étirages . . . .   3 ch. vap. 05
Banc à broches.   2   05
Métiers à filer.   20   45
                              ____
                                    25 ch. vap. 55
</pre>

Les 840 broches de filature d'étoupes et les préparations :

<pre>
Cardes. . . . .   8 ch. vap. 40
Étirages.   6   30
Banc à broches.   5   10
Métiers à filer   27   »
                              ____
                                    46 ch. vap. 80
</pre>

Répartissons maintenant les 30 chevaux-vapeur, des transmissions, courroies, machines à vapeur proportionnellement aux forces ci-dessus, nous obtenons les chiffres définitifs suivants :

1° 3560 broches, c'est-à-dire, toute notre filature, absorbant 150 ch. vap. indiqués, 1 ch. vap. indiqué conduira. . . . . 23 broches 73.

2° 2080 broches de notre filature au mouillé nécessiterait une force de 60 ch. vap. 50 indiqués, soit par cheval vapeur indiqué . . . . 34 broches 38.

3° 640 broches de filature lin sec demandent une force de 31 ch. vap. 85, soit par cheval vapeur indiqué.. 20 broches 09.

4° 840 broches de filature d'étoupes à sec ont besoin d'une force de 57 ch. vap. 75, soit par cheval indiqué. 14 broches 54.

Il est bien entendu que ces chiffres ne peuvent s'appliquer qu'à notre matériel et n'ont pour les autres filateurs qu'une valeur relative.

FORCE DISPONIBLE PAR SUITE DES ARRÊTS NORMAUX DES MÉTIERS.

Dans une usine par suite des nécessités du travail, les machines ne fonctionnent jamais toutes ensemble, il y aura donc à chaque instant une force variable disponible qui viendra en déduction de la force totale, calculée comme nous venons de le faire.

Le docteur Hartig dans son travail si remarquable du reste, émet l'opinion suivante :

« Les arrêts normaux d'une part, de l'autre la force absorbée par
» les transmissions, modifiant en sens inverse et d'une façon à peu
» près identique les données précitées (1), sont pratiquement négli-
» geables. »

Nous ne saurions quant à nous admettre cette identité sans qu'elle soit le résultat de nombreux essais, même en supposant que par le mot de transmissions le docteur Hartig ait voulu comprendre la force absorbée par les transmissions, les courroies et aussi la force nécessaire à la mise en fonction des machines à vapeur c'est-à-dire la différence entre la force indiquée et la force effective sur l'arbre du volant.

Il est bien évident que la force rendue libre par les arrêts normaux des métiers et les forces passives dont nous venons de parler produisent des effets en sens contraire sur le nombre total des ch.-vap. nécessaires à la marche d'un établissement. Mais pourquoi y aurait-il entre elles une égalité assez approximative pour l'admettre *à priori ?*

Recherchons en effet les causes de ces deux forces :

1° La force disponible par les arrêts normaux des métiers sera d'autant plus faible, surtout pour les métiers à filer, que les ouvrières seront plus ou moins nombreuses pour faire le service, actives ou indolentes, la surveillance des contre-maîtres et surveillants plus assidue.

Cette force sera donc excessivement variable dans les diverses filatures et aussi dans le même atelier suivant les années.

2° La force absorbée par les transmissions et les machines à vapeur aura plus de constance dans le même établissement, surtout pour les

(1) Les forces nécessaires au fonctionnement des diverses machines.

usines qui ont installé un graissage automatique, mais elle sera fort variable d'une filature à une autre puisqu'elle dépendra du constructeur des moteurs et beaucoup de leur entretien.

Ces deux forces sont donc de nature fort différentes et leurs variations proviennent des causes les plus dissemblables.

Le tableau H peut nous donner quelques indications utiles pour notre usine.

La moyenne de la force indiquée pendant 8 mois ou 200 jours de travail est de 131 $^{ch. vap.}$ 23.

La moyenne de la force des machines arrêtées au moment des essais journaliers est de 17 $^{ch. vap.}$ 13 ; ce chiffre peut donc être considéré comme représentant la moyenne des arrêts normaux de notre atelier.

Nous avons trouvé d'un autre côté par des expériences directes à l'indicateur de Watt que nos machines à vapeur, transmissions, courroies nécessitaient une force moyenne de 30 $^{ch. vap.}$ 41 soit 20 0/0 environ de la force totale calculée.

La valeur de la force absorbée par les machines à vapeur et les transmissions, n'est donc pas égale à la force disponible par suite des arrêts des métiers. Ces deux quantités diffèrent entre elles de 13 $^{ch. vap.}$ 28 soit près de 10 p. 100 de la force totale indiquée, ou 8.85 p. 100 sur la force totale calculée pour toutes les machines en marche.

Je ne puis faire le même calcul sur le tableau H' car pendant la période de travail qu'il représente nous avons toujours eu, faute d'ouvrières, des métiers à filer et de préparations arrêtés.

Cette étude de la force disponible par suite des arrêts normaux des métiers serait très-intéressante à faire dans les usines des divers centres industriels.

Je crois que dans un bon milieu d'ouvrières, avec un personnel suffisant, on arriverait à réduire à 5 p. 100 ce temps perdu du matériel qui chez nous était de 8.85 p. 100 et l'industriel pourrait facilement se rendre compte de la manière générale dont se fait la rapidité du service.

Je suppose en effet que le filateur par des essais analogues à ceux que nous venons d'indiquer connaisse la force totale F que lui deman-

derait tout son matériel en marche. Tous les trois mois par exemple
il fera la moyenne des essais journaliers inscrits au livre de machines
et obtiendra ainsi la moyenne f de la force indiquée pour les machines
en marche.

Le rapport K.

$$\frac{F - f}{F} = \kappa.$$

lui permettra de s'assurer d'une manière comparative et assez
exacte des manières diverses dont se fait son service intérieur.

Les divers détails que je viens de donner m'amènent à attirer
l'attention des filateurs sur une erreur qu'on commet souvent pour
se rendre compte de la consommation du charbon.

On calcule la force de chaque machine d'après des chiffres obtenus
sur des machines d'autres filateurs, on ajoute une force très-aléatoire
pour les machines et les transmissions et l'on compare la force totale ainsi obtenue à la quantité de charbon consommé par jour.

Cette méthode d'opérer renferme des erreurs trop grandes pour
offrir quelques garanties.

En effet la force des machines de filature varie comme nous allons
le voir avec chaque constructeur.

La force de la machine et des transmissions est représentée par
un chiffre tout-à-fait spécial à chaque usine.

Enfin il faudrait connaître pour l'usine le coefficient K, qui per-
mettrait de déduire de la force totale calculée F la vraie valeur du
travail produit, c'est-à-dire la force f.

Ce n'est donc pas par des calculs semblables que l'on doit chercher
à se rendre compte du rendement de ses appareils à vapeur, mais
seulement par des expériences directes de vaporisation sur les chaudières et les machines.

Je terminerai ce chapitre par une dernière observation : l'industriel
qui aura à choisir une machine à vapeur pour une nouvelle installation fera bien, s'il connaît la force totale que lui nécessitera ce
matériel, de négliger ce coefficient K de réduction, car pour
diminuer le coût si important de premier établissement on a une
tendance à se monter toujours trop juste en chaudières et en

machines à vapeur , et l'on se trouve rapidement dans de mauvaises conditions pour utiliser le combustible.

ESSAIS DU MATÉRIEL A VIDE.

Pendant la guerre de 1870 nous avons pu malheureusement essayer notre matériel à vide et ce sont ces résultats que nous allons faire connaître.

Nous avons donné dans l'article de vérification de l'indicateur de Watt le détail des précautions que nous avons prises dans nos essais spéciaux pour nous mettre dans les conditions normales, nous n'y reviendrons donc que brièvement.

Nous fîmes tous les essais par un temps de dégel en maintenant les ateliers à une température moyenne d'environ + 8° à + 9°.

D'après notre système général de graissage nous n'aurons u'à nous occuper du graissage des broches et rouleaux comme en marche ordinaire c'est-à-dire 2 fois par 4 heures de marche. Nous avions soin de ne commencer nos essais qu'après une marche du matériel d'environ 3 heures.

Je vérifiais enfin moi-même la vitesse de la machine à vapeur.

PRÉPARATIONS ET FILATURE AU SEC.

Chaque essai durait 10 coups de piston de la machine à vapeur choisie pour les expériences. Chaque journée d'épreuve j'ai relevé 8 à 10 courbes sur chaque sorte de machines de préparations ou métiers à filer.

J'ai eu soin de ne jamais essayer seules des machines dont la force totale réunie n'était que de 2 ou 3 chevaux pour maintenir autant que possible la force indiquée entre 40 et 50 ch. vap. ce qui me donnait de bonnes courbes à l'indicateur.

Je faisais deux essais sur les transmissions, un au commencement, un à la fin de l'expérience.

Voici du reste le détail d'un des essais :

Essais du 7 février.

Essais des machines à vapeur et des transmissions . . . . { 1° à 11 h. du matin 35.87 ; 2° à 6 h. du soir 34.81 } 35 34.

Transmissions ⊢ 4 cardes................... 44 ch. vap. 20 d'où 1 carde 1.465

Transmissions ⊢ 4 cardes ⊢ 4 peigneuses...... 42 23 » 1 peigneuse 0.130

Transmissions ⊢ 24 têtes d'étirages, 156 rubans.. 42 60 » par tête 0.302

Transmissions ⊢ 330 broches de banc à broches.. 43 59 » par 100 br. 2.500

Transmissions ⊢ 1364 » au sec............. 69 23 » par 100 br. 2·490

J'ai résumé dans le tableau ci-dessous le relevé des moyennes obtenues pour la force nécessaire à la marche à vide de nos diverses machines.

	NOMBRE d'essais.	CARDES.	PEI-GNEUSES.	Par ÉTIRAGES.	BANC A BROCHES par 100 broches.	MÉTIERS au sec par 100 broches.
30 Janvier.....	8	1.3113	0.1378	0.3798	2.5872	2.5676
4 Février...:.	9	1.5168	0.1624	0.4178	2.5028	2.5286
7 —	10	1.4205	0.1494	0.3938	2.4062	2.4353
17 —	9	1.3308	0.1531	0.4060	2.2605	2.5444
Moyenne des 36 essais..		1.4229	0.1510	0.3997	2.4341	2.5154

Si nous comparons la moyenne générale à chacune des moyennes journalières nous obtiendrons les écarts moyens pour 0/0.

ÉCARTS POUR 0/0.	CARDES	PEIGNES.	ÉTIRAGES.	BANC à BROCHES.	MÉTIERS au sec.
Essais du 30 janvier...	7.84	8.74	4.97	5 91	2.12
— du 4 février...	5.80	7.01	4.33	3.74	0.52
— du 7 — ...	0.168	1.05	1.47	4.15	3.19
— du 17 — ...	6.470	1.37	1.55	7.13	1.14

Il ressort de ce tableau des différences, que nous avions raison en commençant ce travail, de faire remarquer que les essais dynamométriques ne peuvent donner des chiffres vrais en pratique que par la moyenne d'un grand nombre d'expériences.

En effet, dans ces essais du matériel à vide nous n'avions comme cause perturbatrice que :

1° La vitesse de la machine à vapeur que je surveillais spécialement ;

2° La différence de graissage qui était dans notre usine réduite à un minimum d'après le mode adopté de graissage automatique ;

3° Les différences de température de l'air ambiant et de son état hygrométrique.

Toutes les autres causes de perturbation n'existaient pas et pourtant les forces indiquées comme moyenne journalière varient entre elles de plus de 5 0/0 environ.

On remarquera que pour les métiers au sec qui avec les transmissions donnaient une force indiquée de 70 $^{ch.\ vap.}$ les variations sont beaucoup moins sensibles que pour les peigneuses qui ne donnaient qu'un total de 0 $^{ch.\ vap.}$ 604.

Les soins les plus minutieux sont donc nécessaires pour mesurer à l'indicateur les forces des machines qui ne demandent qu'un faible travail.

ESSAIS A VIDE DE LA FILATURE AU MOUILLÉ.

Je n'ai pu entreprendre les essais à vide sur la filature au mouillé qu'au mois de février 1873.

Je me suis placé dans les mêmes conditions d'expérimentation que pour les essais sur la filature au sec et les préparations.

Je ferai pourtant de suite deux observations. A partir de l'essai numéro 14 jusqu'à l'essai numéro 25 j'ai maintenu dans la salle de filature la température à peu près constante à + 20°. Il m'a été possible alors en changeant le mode usuel de graissage, de comparer le graissage alternatif avec un graissage permanent.

Le tableau ci-joint résume tous ces essais.

Essais sur la filature au lin mouillé.

HEURE des essais.	Nᵒˢ des essais.	NOMBRE de broches 2 p. 1/2.	NOMBRE de broches 2 p. 3/4.	TOTAL des broches.	FORCE absorbée par la filature au mouillé.	FORCE absorbée par 100 broches.	Moyenne particulière.	Moyenne générale	OBSERVATIONS.
6 h. 1/2	1	880	1000	1880	34.265	1.823	»	»	Le matériel marchait depuis 4 h. du matin, la température de la salle, à 6 h., était de + 4°.
6 h. 3 4	2	880	1000	1880	35.447	1.867	»	»	
7 h.	3	880	1000	1880	34.085	1.843	»	»	
7 h. 1 4	4	880	1000	1880	33.406	1.776	»	»	
7 h. 1 2	5	880	1000	1880	32.380	1.722	»	»	
7 h. 3/4	6	880	1000	1880	32.650	1.736	»	»	
8 h.	7	880	1000	1880	33.308	1.774	»	»	
8 h. 1 4	8	880	1000	1880	31.658	1.683	»	»	
8 h. 1/2	9	880	1000	1880	32.598	1.739	»	»	De 8 h. 1/2 à 9 h. 1/2, pendant le déjeuner des ouvriers, la filature a continué à marcher, température + 12°.
9 h. 1/2	10	880	1000	1890	31.577	1.679	»	»	
9 h. 3/4	11	880	1000	1880	32.846	1.720	»	»	
10 h.	12	880	1000	1880	32.614	1 734	»	»	
10 h. 1/4	13	880	1000	1880	31.407	1.654	1.7475	»	
10 h. 3 4	14	880	1000	1880	30.580	1.626	»	»	
11 h.	15	880	1000	1880	31.530	1.677	»	»	
11 h. 1 4	16	880	1000	1880	29.310	1.559	»	»	
11 h. 1/2	17	880	1000	1880	30.120	1.602	»	»	
11 h. 3/4	18	880	1000	1880	30.810	1.638	»	»	
12 h.	19	880	1000	1880	30.340	1.613	1.6190	»	De 12 h. à 12 h. 3/4, la filature a arrêté pour graisser tous les tourillons des engrenages, elle a remis en marche à 12 h. 3/4 et a été graissée à partir de ce moment, comme je l'ai expliqué en parlant du graissage.
3 h.	20	880	1000	1880	27.88	1.482	»	»	
3 h. 1/4	21	880	1000	1880	27.35	1.454	»	»	
3 h. 1 2	22	880	1000	1880	28.27	1.503	»	»	
4 h.	23	880	1000	1880	27.81	1.480	»	»	
4 h. 1/4	24	880	1000	1880	27.81	1.480	»	»	
4 h. 1 2	25	880	1000	1880	28.27	1.503	1.475	»	

Si nous prenons les essais du numéro 1 au numéro 13 inclusivement nous trouvons que :

le maximum est de. . . . 1 ch. vap. 867

le minimum est de. . . . 1   654

ce qui établit une différence de 11 40 p. 0/0.

La moyenne de ces 13 essais étant de 1 ch. vap. 7475 :

L'écart sur le maximum est de . . 6.43 %

L'écart sur le minimum est de . . 5.32 %

Dans cette série d'expériences la température de la salle a varié de + 4° à + 12°. Je ferai remarquer de plus que le graissage ordinaire des broches et des crapaudines n'a eu lieu qu'après l'essai numéro 3 de 7 heures et que dès l'expérience numéro 4 on eut une différence sensible dans la force indiquée.

Un second graissage a eu lieu à 10 heures.

Si nous comparons maintenant la série des forces obtenues du numéro 14 au numéro 19 nous trouvons que :

Le maximum est de. . . 1 ch. vap. 677

Le minimum est de. . . 1   559 , différence : 7,03 %.

La moyenne de ces résultats est de 1 ch. vap. 619 ce qui établit une différence sur :

Le maximum de. . . . . . 3.10 %

Le minimum de. . . . . . 3.70 %

Enfin la moyenne des 25 essais opérés est de 1 ch. vap. 613 pour la force absorbée à vide par 100 broches de métiers au mouillé dans notre filature qui était composée de :

880 broches. . . . . . . 2 p. 1/2.

1,000 broches. . . . . . 2 p. 3/4.

OBSERVATIONS SUR LA FORCE NÉCESSAIRE A LA MARCHE DES MACHINES

DE PRÉPARATIONS,

Les chiffres que nous avons indiqués pour la force en charge des machines diverses de préparations ne représentent malheureusement que des moyennes générales.

Il aurait été bien intéressant d'étudier sur ces machines l'influence.

1° Du poids de la matière ;

2° Des variations d'étirage ;

3° Des variations de pressions sur les cylindres étireurs.

4° De la longueur et du pas des vis et par suite du nombre de barettes en travail.

5° Pour les cardes , l'influence d'un cardage plus ou moins fort , le travail d'étoupes , longues ou courtes , grasses ou maigres.

Nous aurions voulu établir ainsi la distinction entre les tables à étaler , dans les étirages suivant leurs numéros d'ordre dans les séries ordinaires et enfin entre les préparations pour long brin ou pour étoupes.

Malheureusement les différences de force occasionnées par ces diverses causes sont bien faibles et pour obtenir un chiffre approximativement vrai , le nombre d'expériences aurait dû être considérable.

J'ai opéré pourtant quelques expériences en faisant varier les pressions des cylindres étireurs.

Les pressions ont en effet une influence considérable sur la force absorbée par les machines de notre industrie.

Dix expériences opérées sur tous nos étirages ou tables à étaler , les pressions entièrement supprimées et le matériel marchant à vide ont donné une moyenne de :

0 ch. vap. 2523 par tête ,

soit près de 37 0/0 en moins de la force totale à vide que nous avons trouvé être égale à :

ch. vap. 3997.

Ce résultat fait comprendre l'importance d'indiquer dans les essais dynamométriques , les pressions supportées par les cylindres étireurs.

Nous avons relevé et réuni dans un tableau la moyenne des pressions que supportaient nos métiers pendant les deux années qu'ont duré nos expériences.

Tableau des pressions moyennes.

		k.
SÉRIE LIN SEC	Table à étaler	1500.
	1er étirage	186.
	2e —	249.
	3e —	240.
	Banc à broche	109.25
SÉRIE N° 1 ÉTOUPES	1er étirage	171.
	2e —	168.80
	Banc à broche	109.25
SÉRIE N° 2 ÉTOUPES	1er étirage	205.70
	2e —	171. »
	Banc à broche	109.25
SÉRIE N° 3 ÉTOUPES	1er étirage	205.70
	2e —	171. »
	Banc à broche	109 25
SÉRIE LIN MOUILLÉ	Table à étaler	1834. »
	1er étirage	192 60
	2e —	238.80
	3e —	175.45
	2. Banc à broche	104. »
	Cardes N° 1	142.85
	— N° 2	163. »
	— N° 3	163. »
	N° 4	163. »
FILATURE AU SEC	Cylindre fournisseur	34. »
	Cylindre étireur .... 3 p. 1/4	45.70
	— .... 3 p. 1/2	45.70
	— .... 3 p. 3/4	54.85
FILATURE AU MOUILLÉ	Cylindre fournisseur	44. »
	Cylindre étireur .... 2 p. 1/2	61. »
	— .... 2 p. 3/4	63. »

Si l'on examine ce tableau, on est frappé des pressions considérables sous lesquelles nous travaillons les fibres du lin.

A son premier passage dans la table à étaler, la matière est soumise à une pression de 1400 k, en moyenne, tandis que la laine par exemple ne supporte que 160 kilog. de pression sur ses quatre premiers passages.

Au métier à filer, c'est-à-dire à la dernière opération mécanique des matières et pour des numéros moyens.

La laine supporte une pression de 12 kilog.

Le lin   »   »   »   de 55   »

Cette anomalie dans les pressions est une des raisons principales de la force considérable que demande la filature de lin, car les machines pour supporter de pareils efforts doivent être de véritables monuments.

Il faut donc en pratique faire varier la pression suivant la nature des matières ; une légère différence de pression sur les cylindres étireurs devant amener une différence sensible dans la force motrice nécessaire à la marche des machines de préparations.

EFFET MÉCANIQUE UTILE DES MACHINES AU LIN.

On appelle en général effet mécanique utile des machines, le rapport ou quotient obtenu en divisant la différence de force nécessaire à faire marcher la machine au travail et à vide par la force nécessaire à faire fonctionner la machine en travail.

Si nous appelons :

E effet mécanique utile.

M force nécessaire à la marche de la machine avec la matière.

V force nécessaire à la marche de la machine à vide nous aurons d'après la définition ci-dessus :

$$E = \frac{M - V}{M}. \qquad (1).$$

Nous faisons toutes nos réserves contre cette formule et nous démontrerons qu'en somme, au point de vue pratique elle ne présente guère d'intérêt, E ne représentant pas une quantité constante pour chaque machine.

D'après les observations que nous venons de faire sur les machines de préparations, les chiffres que nous allons donner pour elles ne devront être considérés que comme une moyenne du travail de nos ateliers, dont les détails nous font malheureusement défaut.

Pour les métiers à filer au sec et au mouillé, nous pouvons au contraire citer les chiffres de rendement en effet utile suivant les numéros de fils.

Nous avons résumé les effets utiles moyens dans le tableau suivant :

	MATÉRIEL en charge.	MATÉRIEL à vide.	DIFFÉRENCE.	E EFFET UTILE.
	ch. vap.	ch. vap.		
Cardes..	2.105	1.4229	0.682	0.320
Étirages (34 têtes en 156 rubans , par rubans).........	0.0934	0.0794	0.0140	0.150
Peigneuses par presses (28 presses)..	0.0792	0.0215	0.0577	0.730
Banc a Broches par 400 broches.... .	2.627	2.434	0.493	0.073
Métiers au sec par 400 broches......	3.21	2.515	0.695	0.216
Métiers au mouillé par 400 broches...	2. •	1.613	0.387	0.490

Pour les filatures au mouillé et au sec nous donnons le détail de l'effet utile par numéro de fils en calculant la force M d'après la loi de la racine carrée du numéro de fil.

FILATURE AU SEC.	MATÉRIEL en charge.	MATÉRIEL à vide	DIFFÉRENCE.	EFFET UTILE.
	ch. vap.	ch. vap.		
Nº 6.........	4.66	2.51	2.15	0.46
— 8.........	4.03	2.51	1 52	0.37
— 10........	3.61	2.51	1.10	0.30
— 12........	3.30	2.51	0.79	0.23
— 14........	3.05	2.51	0.54	0.17
— 16........	2.85	2.51	0.34	0.12
— 18........	2.69	2.51	0.18	0.07
— 20........	2.55	2.51	0.04	0.02
FILATURE AU MOUILLÉ.				
Nº 16........	3.	1.613	1.387	0.46
— 18........	2.828	1 613	1.215	0.43
— 20........	2.683	1.613	1.070	0.39
— 22........	2.558	1.613	0.945	0.369
— 25........	2.400	1.613	0.787	0.328
— 28·.......	2.267	1.613	0.654	0.29
— 30........	2.190	1.613	0.577	0.26
— 35........	2.028	1.613	0.415	0.20
— 40........	1.897	1.613	0.284	0.14
— 45........	1.788	1.613	0.165	0.092
— 50........	1.697	1.613	0.074	0.043

Les chiffres de la dernière colonne prouvent que l'effet utile au point de vue mécanique diminue au fur et à mesure que le numéro augmente.

Cette remarque a un intérêt pratique. Quelques filateurs en effet pour filer couramment des numéros 50 à 60 se sont montés en métiers de 2 p. 3/4 sur lesquels ils mettent des bobines de 2 p. de hauteur, c'est une erreur au point de vue mécanique puisqu'ils sont obligés de fournir une force plus grande pour faire marcher les métiers à vide que s'ils avaient monté des métiers de 2 p. 1/4. Ils perdent du reste l'avantage de la longueur de course du monte et baisse puisqu'ils sont forcés de le ramener à 2 pouces.

A l'inspection de ces tableaux on comprend qu'il est impossible de représenter par un nombre constant l'effet utile d'un métier à filer pas plus que de toute autre machine puisque le changement seul du numéro produit des différences si considérables que du numéro 16 au numéro 50, l'effet utile varie de 46 à 5 0/0.

Nous pouvons donner une autre forme à l'expression du rendement utile E que nous appellerons Y. Nous avons vu en effet que la force M nécessaire à la marche d'un métier à filer, pour fabriquer un numéro donné X était égale à :

$$M = \frac{C}{\sqrt{x}}$$

Transportant cette valeur de M dans l'expression de E donnée par l'équation (1) nous avons :

$$Y = \frac{\dfrac{C}{\sqrt{x}} - V}{\dfrac{C}{\sqrt{x}}} = \frac{C - V\sqrt{x}}{C} = 1 - \frac{V}{C}\sqrt{x}. \quad (2).$$

qui nous donne l'effet utile de la machine en fonction du numéro de fil.

Expression algébrique bien facile à construire. Posant en effet :

$$Y = y + 1$$

L'équation (2) devient :

$$y = -\frac{V}{C}\sqrt{x}$$

$$y^2 = \frac{V^2}{C^2}\, x. \qquad\qquad (3).$$

Équation d'une parabole dont le paramètre est $\left(\dfrac{V}{C}\right)$ l'origine au sommet, et ayant pour axe principal l'axe des x.

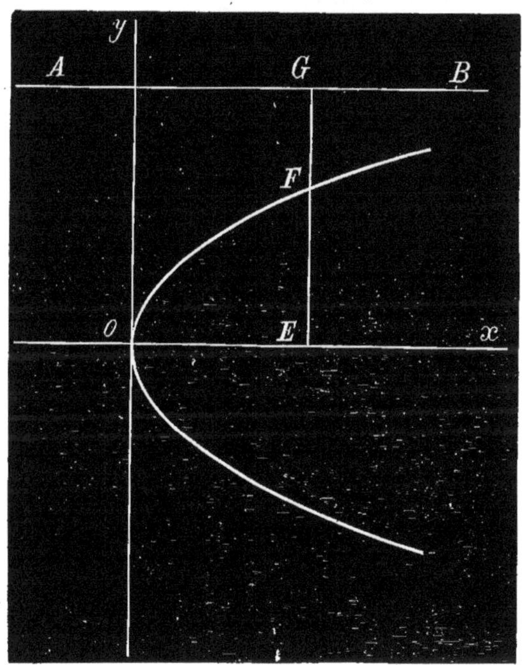

Si donc nous construisons la droite A B, $y = 1$, parallèle à l'axe des x et la parabole de l'équation (3) on voit que pour un numéro donné $X = O\,E$ l'effet utile est égale à :

$$1 - \frac{V}{C}\sqrt{x} = E\,G - E\,F = G\,F$$

Et l'inspection de la figure rend bien compte du fait de la diminution de G F, c'est-à-dire de l'effet utile à mesure que O E ou le numéro augmente.

Il serait très intéressant de pouvoir établir le parallèle des effets mécaniques utiles pour les différentes machines des trois filatures laine, lin, coton ; on arriverait ainsi à la connaissance des faits les plus inconnus jusqu'ici sur la marche générale des machines de filature et à mieux comprendre pourquoi l'industrie du lin se trouve dans une situation si inférieure comparativement aux deux autres genres de filatures.

COMPARAISON ENTRE LES RÉSULTATS OBTENUS PAR LE DOCTEUR HARTIG ET CEUX OBTENUS DANS LA FILATURE D'HAMÉGICOURT.

Les essais du docteur Hartig que j'ai si souvent cités dans ces notes, ont été faits par un ingénieur dont l'autorité est incontestable en matière de mécanique pratique, et quoique nous différions d'opinion sur certains points il peut être intéressant de comparer ses résultats avec les nôtres.

Le docteur Hartig a opéré sur un matériel sortant des deux grandes maisons de construction anglaise, la maison Lawson et fils de Leeds et Combe et Cⁱᵉ de Belfast. Nous, au contraire sur un matériel construit par trois maisons françaises MM. Windsor frères, J. Ward et Arnold fils de Lille.

Il semblerait à priori que la comparaison des essais opérés à vide sur ces matériels différents devraient nous permettre de juger de leur valeur relative au point de vue mécanique. Ce raisonnement serait juste si les machines avaient été toutes mises dans les mêmes conditions de vitesse, de pression, d'entretien et de graissage, ce qui évidemment n'a pas eu lieu, et comme malheureusement nous n'avons pu déterminer les variations de force provenant de ces diverses causes, les chiffres que nous citons n'ont qu'une valeur relative, assez approximative il est vrai.

Les valeurs exactes ne pourront être connues que si les industriels veulent bien entreprendre des essais analogues aux nôtres et faire la comparaison que nous allons établir.

Le tableau suivant donne les principales dimensions et vitesses des organes de nos machines qu'il sera bon de rapprocher des mêmes données fournies par les essais du docteur Hartig. Dans ce travail de corrélation les chiffres que j'ai pris pour représenter les diverses machines soit à vide soit en charge, expérimentées par M. Hartig sont la moyenne des divers essais qu'il a opérés sur le même constructeur.

Je ferai remarquer aussi que si les chiffres donnés pour le matériel à vide ont une certaine valeur en admettant bien entendu l'exactitude des expériences, les chiffres qui indiquent la marche en charge ne peuvent être considérés que comme moyenne résultant de la fabrication courante des diverses filatures.

Cardes.

Ces machines nous ont donné les résultats suivants :

MOM de l'expérimentateur.	NOM du constructeur.	NOMBRE DE CHEVAUX-VAPEUR.		
		à vide.	Différence 0/0.	en charge.
Hartig.	Lawson.	1.8625	23 %	2.1325
Hartig.	Combes.	1.4300	05 %	2.1900
Cornut.	Windsor.	1.4229	»	2.1050

Si nous examinons les différences $0/_0$ du matériel à vide nous voyons que les cardes de Windsor et Combes absorbent à peu près la même force mais que d'après le docteur Hartig les cardes de Lawson demanderaient une augmentation de force de 23 $0/_0$.

La différence trouvée pour les machines en charge au contraire serait bien moins sensible.

Je crois qu'on peut dans les calculs industriels compter 2 chevaux-vapeur 150 comme maximum de ces appareils fonctionnant pour les numéros du 8 au 20 dans le courant de leur année et pour des cardes 4/6 et 5/6 à deux ou trois doffers.

Peigneuses.

Une seule machine à peigner de Combes a été soumise aux essais du docteur Hartig, nos peigneuses se composaient au contraire de :

1 Machine à peigner, 6 presses . . . . Combes.
1 — 8 — . . . . Roussel et Dosche.
1 — 6 —)
1 — 8 — } Système Lowry. J. Ward.

Nous n'avons pas séparé la force absorbée par les machines de chaque constructeur, nos essais n'ayant pas été assez nombreux sur chaque machine en particulier.

Nous avons calculé les forces à vide et à charge par mordache.

NOM de l'expérimentateur.	NOM du constructeur.	NOMBRE DE CHEVAUX-VAPEUR par mordache		
		à vide.	Différence %	à charge.
Hartig.	Combes.	0.0466	54 %	0.0975
Cornut.	Combe-Ward. Roussel-Dosche	0.0245	»	0.0792

On remarquera la différence considérable 54 0/0 entre les machines à vide, ce qui, je crois, tient surtout à la petite force qu'il fallait évaluer puisque pour une machine à peigner 6 presses, la force totale n'est que de 0 chevaux-vapeur 28, d'après M. Hartig, et 0 chevaux-vapeur 13 d'après nos esaais ; il faut remarquer aussi que le premier expérimentateur agissait sur une seule machine à 6 presses et nous sur 4 machines soit 28 pressses.

Pour la force absorbée par les machines en marche la différence entre les 2 essais est seulement de 2 0/0 environ.

Je crois donc pouvoir conseiller comme chiffre pratique , pour calculer la force d'une peigneuse , le nombre 0,[ch. vap.]0790 par mordache.

Depuis quelque temps l'usage des machines à peigner de 15, 18 et et même 20 presses se répand en Angleterre , le chiffre que nous venons d'indiquer serait-il vrai aussi pour ce genre de machines ? Je ne le crois pas, la force par mordache devrait, à mon avis, être plus faible.

Étirages.

Comme je l'ai déjà expliqué, dans la crainte d'obtenir des chiffres erronés par suite des minimes forces qui auraient été soumises à l'indicateur je n'ai pas cru pouvoir séparer la force absorbée par chacune des machines de préparations , étaleuses et étirages suivant les passages et les variations de force, suivant que les machines travaillent le lin et les étoupes.

Le docteur Hartig au contraire fait cette distinction et voici les chiffres qu'il a obtenus.

La force étant calculée par rubans et exprimée en chevaux-vapeur.

Système Lin long.

INDICATION de la machine.	NOM de l'expérimentateur.	NOM du constructeur.	NOMBRE DE CHEVAUX-VAPEUR par rubans		
			à vide.	Différence 0/0	à charge.
Étaleuse.....	HARTIG.	LAWSON.	0 155	17 %	0.205
—	—	COMBES.	0.1275		0.138
1er Étirage...	—	LAWSON.	0.067	59 %	0.090
—	—	COMBES.	0.027		0.030
2e Étirage...	—	LAWSON.	0.043	53 %	0.050
—	—	COMBES.	0.020		0.0235

Système Étoupes.

INDICATION de la machine.	NOM de l'expérimentateur.	NOM du constructeur.	à vide.	Différence 0/0	à charge.
1er Étirage...	HARTIG.	LAWSON.	0.050	14 %	0.063
—	—	COMBES.	0.043		0.048
2e Étirage...	—	LAWSON.	0.0358	44 %	0.045
—	—	COMBES.	0.020		0.023

Au point de vue mécanique il y aurait donc d'après ces essais une différence considérable entre les deux constructeurs puisque pour les 1er et 2e étirages à lins et 2e étirages à étoupes l'écart est de près de 50 0/0 en nombre rond.

Je n'ai du reste établi ces chiffres que pour me permettre de comparer notre matériel à celui de deux constructeurs anglais.

Nous avons vu, en effet, que nos 14 étirages et tables demandaient une force

A charge de . . . . 6 $^{ch.\ vap.}$ 496.

A vide de . . . . , . . . 5   595.

Etablissons alors par le détail la force qu'absorbe un matériel identique au nôtre construit par Lawson ou Combes, ce qui nous est facile d'après les résultats ci-dessus et nous aurons ainsi des données certaines pour juger ces machines entre-elles.

NOM du constructeur.	DÉSIGNATION des machines.	Nombre de rubans	PAR LAWSON.		PAR COMBES.	
			à vide.	à charge.	à vide.	à charge.
WARD. — Lin . . .	Table........	4	0.620	0.820	0.510	0.552
— — . . .	1er Étirage...	8	0.536	0.720	0.216	0.240
— — . . .	2e — ...	12	0.516	0.600	0 240	0.282
— — . . .	3e — ...	24	1.	1.125	0.432	0.504
WINDSOR. — Lin. .	Table........	4	0.620	0.820	0.510	0.552
— — . .	1er Étirage...	8	0.536	0.720	0.216	0.240
— — . .	2e — ...	12	0.516	0.600	0.240	0.282
— — . .	3e — ...	16	0.640	0.720	0.288	0.336
WINDSOR. — Étoupes	1er Étirage...	12	0.600	0.756	0.516	0.596
— — . .	2e — ...	16	0.572	0.720	0.320	0.368
— — . .	1er — ...	8	0.400	0.504	0.344	0.384
— — . .	2e — ...	12	0.4296	0.540	0.240	0.276
— — . .	1er — ...	8	0.400	0.504	0.344	0.384
— — . .	2e — ...	12	0.4296	0.540	0.240	0.276
		156	ch. vap. 7.815	ch. vap. 8.689	ch. vap. 4.656	ch. vap. 5.252

Je dois faire remarquer tout de suite que les assortiments pour lin de Lawson et Combes ne comportaient pas de 3° étirages, j'ai donc dû pour compléter les chiffres nécessaires à notre matériel , fixer des chiffres arbitraires ; j'ai diminué à peu près de 10 0/0 le chiffre du 2° étirage ; du reste l'erreur que j'ai pu commettre ne changerait pas de beaucoup les résultats définitifs.

Le matériel de préparations d'Hamégicourt offre donc les résultats suivants construits par :

NOM du constructeur.	EN CHARGE.	DIFFÉRENCE 0/0,	A VIDE.	DIFFÉRENCE 0/0
LAWSON.	ch vap. 8 989	39	ch. vap. 7.845	40
WINDSOR et WARD.	6.496	49	5.595	46
COMBES.	5.252	»	4.656	»

Notre matériel construit par M. Combes demanderait à vide 16 0/0 de force en moins. Construit par M. Lawson il aurait demandé une dépense de combustible de 40 0/0 plus forte.

Il faut considérer ces chiffres comme de premiers renseignements assez exacts qu'il serait de l'intérêt bien entendu des filateurs de laisser continuer pour les divers constructeurs.

Bancs à broches.

Les essais opérés sur les bancs à broches de M. Lawson et Combes par le docteur Hartig lui ont donné les résultats que j'ai calculés en ramenant la force exprimée en ᶜʰ· ᵛᵃᵖ· pour 100 broches.

Système Lin long.

NOM de l'expérimentateur.	NOM du constructeur.	NOMBRE DE CHEVAUX-VAPEUR par 100 broches		
		à vide.	Différence %	en charge.
HARTIG. . . . {	LAWSON.	3.48	35	3.74
	COMBES.	2.25	»	2·40

Système Étoupes.

HARDING . . . {	LAWSON.	2.89	28	3.08
	COMBES.	2.16	»	2 17

Nos 330 broches de banc à broches étaient composées de la façon suivante :

Lin long , constructeur WINDSOR . . .   60 broches ⎫
—   —   WARD 120   —   ⎬ 180
Étoupes ,   —   WINDSOR . . . 150   —   150

Ces métiers exigeaient par 100 broches une force de :

A VIDE.   EN CHARGE.

2 ch. vap. 434   2 ch. vap. 627

Si nous calculons la force nécessaire à nos 330 broches en les supposant construites par Lawson et Combes nous obtenons pour 100 broches :

POUR LAWSON.   POUR COMBES.

à vide.   en charge.   à vide.   en charge.

3 ch. vap. 20   3 ch. vap. 44   2 ch. vap. 20   2 ch. vap. 32

Si donc en ne nous occupant que des forces à vide nous comparons les chiffres des trois constructeurs nous obtenons pour notre assortiment :

CONSTRUCTEURS.	FORCE ABSORBÉE A VIDE par 100 broches.		DIFFÉRENCE %
Lawson.	3 ch. vap. 20		31.
Ward et Windsor.	2	40	9.5
Combes.	2	20	»

En prenant pour unité le chiffre fourni par Combes on voit que s'il y a peu de différence entre ce constructeur et MM. Windsor et Ward, il y aurait au contraire 31 0/0 d'écart avec le constructeur Lawson.

Les chiffres donnant la marche en charge ne peuvent s'appliquer évidemment que pour la moyenne de la fabrication effectuée pendant les essais.

Ils offrent des différences assez sensibles :

100 broches pour lin long de Lawson demandent une force de. . 3 ch. vap. 74

100 — étoupes de Lawson — . . 2 48

100 broches pour lin long de Combes demandent une force de. . 2 40

100 — étoupes de Combes — . . 2 17

Pour les deux constructeurs Windsor et Ward 100 broches composées environ par moitié de lin et d'étoupes demandent en marche 2 ch. vap. 627.

Ces chiffres serviront aux industriels pour se rendre compte assez exactement de la force absorbée par leur banc à broches en le supposant dans un état convenable d'entretien.

Métiers à filer.

Nous nous sommes étendus très-longuement sur la loi générale qui faisait varier la force de 100 broches de filature au sec ou au mouille nous n'avons donc ici qu'à nous occuper de la force à vide.

Filature au sec.

Pour les métiers au sec, construction Windsor. composés de :

544 broches, 3 p. 3/4
640 — 3 p. 1/4
296 — 3 p. 1/2

La force absorbée par 100 broches à vide est de :

2 ch. vap. 5154.

Le docteur Hartig n'ayant pas expérimenté de métiers de cette nature je ne puis établir de comparaison.

Filature au mouillé.

Les métiers à filer de MM. Lawson et Combes d'après les essais du docteur Hartig ont donné les résultats suivants par 100 broches :

MÉTIERS LAWSON.	A VIDE.	EN CHARGE.	
2 p. 3/4	0 ch. vap. 77	1 ch. vap. 200	N° 30 Lin.
2 p. 1/2	0 650	1 070	N° 40 »
Moyenne . . .	0 740		

J'avoue que ces chiffres me paraissent tellement faibles que des essais nombreux devraient être faits pour s'en assurer :

MÉTIERS COMBES.	A VIDE.		EN CHARGE.		
2 p. 1/2	1ch. vap.	840	2ch. vap.	750	N° 25 Lin.
—	2	660	3	200	N° 40 Lin.
—	2	100	3	040	N° 14 Et. mouillé.
—	2	150	3	110	N° 14 Et. mouillé.
Moyenne. . . .	2	187			

Si nous calculons d'après ces résultats la force absorbée par les 1880 broches composées de :

1000 broches 2 p. 3/4

800 broches 2 p. 1/2

que nous avions essayées à vide nous aurons comme moyenne de 100 broches :

Pour LAWSON . . . . 0ch. vap. 713.

Pour COMBES . . . . 2 187.

Pour ce dernier constructeur je suis obligé d'admettre la même force pour les 2 p. 3/4 que pour les 2 p. 1/2.

Je dois dire du reste que si la force indiquée par le docteur Hartig pour les métiers Lawson me paraît bien faible, celle au contraire pour les métiers Combes me semble très-élevée.

Nous avons donc pour faire marcher 100 broches de notre filature les chiffres suivants d'après les constructeurs :

NOM de L'EXPÉRIMENTATEUR.	NOM du CONSTRUCTEUR.	FORCE pour 100 broches.	DIFFÉRENCE %
HARTIG.	COMBES.	2ch. vap. 187	67 %.
CORNUT.	ARNOLD.	1 613	55 %
HARTIG.	LAWSON.	0 713	»

Il résulterait donc d'après les essais du docteur Hartig que les métiers à filer au mouillé de même dimension et du même nombre de broches prennent, comparés à la force nécessaire à la marche des métiers Lawson :

67 % de force en plus pour la construction COMBES.
55 % — — — ARNOLD.

Je serais très heureux si dans l'avenir je pouvais vérifier les magnifiques résultats des métiers Lawson.

Les chiffres que nous venons de citer sur la force nécessaire à la marche des mêmes machines montrent suffisamment l'intérêt considérable qu'il y a pour les filateurs de lin à être renseignés sur la force exacte que demandent les machines suivant les constructeurs.

Prenons par exemple notre série de machines de préparations et calculons la force entière suivant les divers constructeurs en prenant pour base les essais déjà cités soit du docteur Hartig soit les nôtres.

	LAWSON.		COMBES.		WARD-WINDSOR.	
	à vide	à charge	à vide	à charge	à vide	à charge
4 Cardes..	7 45	8.53	5.72	8.76	5.70	8.42
14 Étirages....... .	7.84	8 69	4.65	5.25	5.59	6.49
330 broches b. à broch.	10.59	11.35	7.29	7.57	8.03	8.67
TOTAL.......	25.85	28.57	17.66	21.58	19.32	23.58

Pour notre filature au mouillé nous avons :

	LAWSON.		COMBES.		ARNOLD FILS.	
	à vide	à charge	à vide	à charge	à vide	à charge
2080 broches 2 p. 3/4 , 2 p. 1/2...	14.83	»	45.49	»	32.55	»

Un filateur qui aurait monté des préparations de Combes et des métiers à filer de Lawson aurait besoin de développer pour la marche à vide d'une filature analogue à la nôtre.

Préparations COMBES à vide . . . . 17.66 $\Big\}$ 32ch. vap. 49.
Métiers à filer au mouillé de LAWSON . 14.83

Si au contraire nous avions composé notre filature par :

Préparations LAWSON à vide . . . 28.57 $\Big\}$ 74eb. vap 06
Métiers à filer COMBES — . . . 45.49

C'est-à-dire qu'il nous faudrait dans ce cas plus du double de force motrice.

J'ai toujours comparé les forces à vide et non celles en charge, la première seule peut en effet permettre de juger le mérite des constructeurs. Cette question devrait être l'objet des études les plus suivies car la force à vide représente près de 80 %, environ de la force totale des machines en marche comme on peut le voir par le tableau indiquant les forces des préparations.

Il résulte donc de la comparaison que je viens d'établir entre les essais du docteur Hartig sur les machines de construction Lawson ou Combes et nos expériences sur les machines de construction Windsor, Ward, Arnold fils, que la force nécessaire à la marche d'une filature peut varier du simple au double suivant le choix des constructeurs. Il serait donc de toute nécessité d'entreprendre des essais analogues sur toutes les principales maisons de construction de France et d'Angleterre.